T0206309

Agiles Prozessmanagement im Krankenhaus

Walter Merkle

Agiles Prozessmanagement im Krankenhaus

Mit Kanban-Tools Prozesse vereinfachen

Walter Merkle
Wiesbaden, Deutschland

ISBN 978-3-658-29873-9   ISBN 978-3-658-29874-6 (eBook)
https://doi.org/10.1007/978-3-658-29874-6

Die Deutsche Nationalbibliothek verzeichnet diese Publikation in der Deutschen Nationalbibliografie; detaillierte bibliografische Daten sind im Internet über http://dnb.d-nb.de abrufbar.

Springer Gabler
© Springer Fachmedien Wiesbaden GmbH, ein Teil von Springer Nature 2020

Springer Gabler ist ein Imprint der eingetragenen Gesellschaft Springer Fachmedien Wiesbaden GmbH und ist ein Teil von Springer Nature.
Die Anschrift der Gesellschaft ist: Abraham-Lincoln-Str. 46, 65189 Wiesbaden, Germany

If we worked on the assumption that, what is accepted as true, really is true, then there would be little hope for advance.
(Orville Wright)

A common disease that effects management the world over is the impression that „Our problems are different". They are different to be sure, but the principles that will help to improve quality of product and service are universal in nature.
(W. E. Deming)

Vorwort

Krankenhäuser funktionieren seit Jahrzehnten in mehr oder weniger unveränderter Form, seit Jahrzehnten also in gleicher Weise, der Einführung des DRG-Systems zum Trotz. Sicher, damit hat sich das Abrechnungssystem von Verweildauerberechnung auf Pauschalen verlagert. An der Art und Weise, wie Medizin betrieben wird, hat sich trotzdem wenig geändert. Medizinischerseits hat man Fortschrittspotential gehoben, so dass die vom „System" geforderten kürzeren Verweildauern etc. relativ problemlos umgesetzt werden konnten. Das hat jedoch dazu geführt, dass die Verweildauerverkürzung mit einer höheren Arbeitsbelastung für das Personal verbunden war, schließlich ist ein „neuer" Patient deutlich arbeitsaufwendiger als derjenige, der ruhig im Bett liegt und auf seine Entlassung wartet; so war es, als ich als Arzt anfing. Inzwischen sind die Verweildauern etwa halbiert. Gleichzeitig wurde die moderne Medizin immer aufwendiger, so dass der Personalbedarf und die Qualifikationsnotwendigkeit wuchsen. Die Personalentwicklung kam aber diesen vielfältigen Ansprüchen nicht mehr nach; gleichzeitig gab es arbeitsrechtliche Neuregelungen, die die höhere Arbeitsintensität pro „Schicht" durch Begrenzungen von Dienstzeiten ausgleichen wollte. Nun ist es so, dass auch dadurch die Diensttageanzahl, gerade an Wochenenden, gestiegen ist, so dass die Ärzteschaft darum kämpfen muss, zwei Wochenenden im Monat frei zu haben, was zu meinen Anfangsjahren noch ganz selbstverständlich war. Die Diskussion um ärztlichen Burnout verwundert angesichts dieser Situation nicht mehr. Der Pflegenotstand hat ebenfalls mit der zunehmenden Belastung bei „begrenzter" Entlohnung zu tun.

Der Medizinethiker Giovanni Maio hat auf der 3. BKK-Tagung in Frankfurt Stellung bezogen (siehe Kasten 1). Bis diese berechtigten Forderungen umgesetzt werden (wenn überhaupt, da sie Geld kosten), bleibt der Druck, ist das Primat des Geldes wichtiger als das Wohl der kranken Menschen – der Patienten einerseits und des durch Überbelastung krank werdenden Medizinpersonals andererseits.

Kurz – ob man will oder nicht, die althergebrachte Krankenhausorganisation des Sektorendenkens ist zu überdenken. Nur, weder Ärzteschaft noch Verwaltungen noch Kostenträger verstehen sich wirklich gegenseitig, sind nicht selten argwöhnisch, dem jeweils anderen zu trauen bzw. es herrscht Angst, eigene Pfründe zu verlieren.

Wenn schon die Ressourcen an Personal und Material knapp sind, man kaum hoffen darf, dass sich das kurzfristig ändern wird, dann ist es jedoch Pflicht aller, pfleglich mit Menschen und Material umzugehen, unnötige Ausgaben zu vermeiden und Reibungsverluste zu beseitigen.

Dabei wäre alles relativ einfach, wenn gemeinsam (!) eine Organisationsänderung eingeführt würde, die allen (!) zum Vorteil gereicht. Ja, diese Option gibt es, erfordert aber guten Willen und Vorurteilsfreiheit von allen Akteuren. Dass das nicht einfach sein kann, sieht man in anderen Betrieben, die aber, sobald sie begonnen haben umzustellen, sehr zufrieden sind – auf allen Ebenen.

Während der Entstehungszeit dieses Buches haben die Tarifverhandlungen für Ärzte nun ergeben, dass tariflich zwei freie Wochenenden pro Monat Voraussetzung für die Anordnung von Bereitschaftsdienst und Rufdienst für Ärzte sind. Dabei ist z. B. definiert, dass ein Wochenende zwischen Freitag 21 Uhr und dem darauffolgenden Montag um 5 Uhr festgelegt ist. Da kalendarisch mal mehr, mal weniger Wochenenden in einen Monat fallen, muss binnen eines halben Kalenderjahres ausgeglichen werden. Bei plötzlich erhöhtem Krankenstand beispielsweise mit Personalausfall kann zur Aufrechterhaltung der Patientensicherheit auch ein ansonsten freies Wochenende gearbeitet werden müssen. Wichtig ist dabei, dass eine allgemeine personelle Unterbesetzung kein Grund für solche Überzeiten darstellt.

Die Folge dieser seit 01.07.2019 geltenden und zum 01.01.2020 umzusetzenden Regelung des neuen Tarifvertrags ist logischerweise eine optimierte Personal- und Arbeitsplanung, mithin ein weiteres, klares Argument für die Einführung eines agilen Prozessmanagements im Krankenhaus mittels Kanban.

Ein weiterer, nicht zu übersehender Punkt ist, dass Finanzinvestoren zunehmend auf Einkaufstour gehen (DÄB Nov. 2018, S. 743 ff.), wodurch sich die Arbeitswelt z. B. in MVZs (Medizinische Versorgungszentren) und auch aufgekauften Kliniken zwangsläufig ändern wird: „Aus einer herkömmlichen Praxis entstünden dann Unternehmen mit arbeitsteiligen Strukturen, die in formal gestalteten Prozessen quasi industriell arbeiteten." So ein Zitat aus diesem DÄB-Artikel. Nun wird versucht, dagegen Barrieren aufzurichten, um diesen Weg zu verhindern. Mich erinnert das an ein Sprichwort: Wenn der Wind stärker bläst, errichten manche Abwehrmauern, andere dagegen Windmühlen.

Wohin der Weg gehen wird, weiß derzeit niemand. Aber es ist zumindest klug, sich auf solch schärferen Wind einzustellen. Kanban im Krankenhaus oder im MVZ ist dazu in der Lage. Kanban als Methode des agilen Prozessmanagements ist, wenn richtig eingesetzt -um im Sprichwort zu bleiben- die neue „Windmühle", die aus der aktuellen Situation Vorteile ziehen kann und wird. Dabei muss – kann aber auch – der Mensch im Blick bleiben, sowohl der Patient als auch das „Personal". Entscheidend ist, die notwendige Dokumentation und Bürokratie so umzugestalten, dass sie den Menschen dient, nicht umgekehrt. Man muss das zwar lernen und üben, aber es ist möglich und sinnvoll.

Zur aktuellen Situation und der Lösungsmöglichkeiten durch Kanban siehe Kasten 1 und 2.

Als Arzt mit über 20 Jahren Erfahrung als Leiter einer Klinikabteilung, Krankenhaus-betriebswirt, jahrelangem Vorsitz des Wirtschaftsausschusses einer Klinik und zertifizier-ter Qualitätsmanager sowie als ehrenamtlicher Arbeitsrichter und Risikomanager stehen mir einerseits Einblick in die Klinik und ihre Organisation und andererseits ausreichend Erfahrung in übergreifenden Arbeitsfeldern zur Verfügung, diesen Wandel auch auf Klini-ken erfolgreich zu übertragen. Es geht um die Fruchtbarmachung agilen Prozessma-nagements.

Dabei ist immer daran zu denken, dass Kanban eine „Samenhandlung" ist, jedoch kein fertiger Prachtgarten. Mit richtigem Engagement wird aber aus kleinen Samen ein präch-tiger Garten (Abb. 1)

In der Hoffnung, dass die Akteure/„Gärtner" sich darauf einlassen, zum Wohle der Klinik und ihrer Mitarbeiterschaft, ihrer Eigner und – ihrer Patienten, wünsche ich mir eine weite Verbreitung und Akzeptanz dieses Buches.

Besser als im Dunkeln zu klagen, dass die Sonne fehlt, ist es, eine Kerze anzuzünden.
(Konfuzius)

An dieser Stelle sei wie immer dem Verlag und seinen Mitarbeitern gedankt, vor allem meiner Lektorin, Frau Schlomski. Trotz aller moderner Technik, die das Bücherschreiben erleichtert, ist, wie in der Medizin, zu erkennen, dass menschliche Qualitäten letztlich wichtiger sind als ein noch so gutes Publishing-Computerprogramm.

Abb. 1 „Wunder" kann man (fast) „planen" *(Butchers Garden, Vancouver Island, Kanada)*

Anmerkung zur modernen Gendersprache:

Es ist eigentlich schon merkwürdig, wenn man merkt, dass Sprache und Sprachverständnis letztlich trotz aller unserer vielfältigen Kommunikation problematisch bleiben. Die Worte können die wörtliche Bedeutung haben, eine sinngemäße, eine ironische und eine metaphorische Bedeutung – beim gleichen Wort. Was gemeint ist, wird oft erst durch Analyse und Nachfragen verständlich. Was für jedes Gespräch gilt, gilt auch für jedes Buch – auch dieses. Deshalb muss es das Bestreben jedes Autors sein, so klar wie möglich zu schreiben. Die moderne Genderschreibweise ist der Klarheit der Gleichwertigkeit von Frauen und Männern (die ich ganz klar für richtig halte und deshalb befürworte) förderlich, aber ggf. hinderlich beim eineindeutigen Verstehen von Lehrinhalten. Deshalb – und nur deshalb – nutze ich in diesem Buch die seit Luther benutzte Grundgrammatik der Deutschen Sprache und der darin enthaltenen grammatikalischen Geschlechter. Um das verständlich zu machen: „Mensch" meint Frau und Mann, ist aber grammatikalisch maskulin. Wäre es deshalb wirklich sinnvoll, künftig von „Menschin" für die Frau und „Menscherich" für den Mann zu schreiben?

Wiesbaden, im Frühjahr 2020

Kasten 1

Im Gesundheitssystem besteht die „Tendenz, Medizin nicht als Teil des sozialen, sondern des marktwirtschaftlichen Systems zu begreifen. .... Die Folge seien Sparerfolge am falschen Ort: am Personal, an der Zeit für Patienten, an der Pflege. DRG haben … auch das ärztliche Denken verändert: zum Fließbanddenken und zur Abwertung des Patienten. Ferner reduziere DRG die Medizin auf den Eingriff, die Intervention und Ärzte zu Ingenieuren."

„Die als nicht mechanistische, sondern geistige Leistung definierte Medizin weise selbst vor dem Hintergrund von fortschreitender „Technisierung Künstliche Intelligenz (KI) in die Schranken." Maio forderte die Einrichtung eines Systems, das die zentrale medizinische Leistung der Reflexion belohne."

G. Maio auf der 3. BKK VAG-Tagung (zitiert nach Hessisches Ärzteblatt (2019, S. 607))

Anmerkung des Autors:

Reflexion ist eine ureigene ärztliche Leistung, eben das Durchdenken der jeweiligen Krankengeschichte. Reflexion ist aber auch zentraler Bestandteil des Agilen Prozessmanagements (dort Feedback genannt). Dieses erfordert ständige Überprüfung und organisiert dieses Vorgehen, kommt damit also ärztlichem Selbstverständnis entgegen. Agiles Prozessmanagement ist darüber hinaus geeignet, Ressourcen an Personal und Material schonend einzusetzen, indem trotz notwendiger Dokumentation und Bürokratie unnötige Arbeiten vermieden werden können, wodurch auch noch Kosten gespart werden ohne Minderung der Arbeitsqualität. Reibungsverluste als Kostentreiber werden eingespart. Insofern schafft diese Organisationstechnik den Anspruch, den Primat der Medizin vor der Ökonomisierungswelle wieder zu etablieren, ohne jedoch Geld zu vergeuden …

Ergänzung aus gegebenem Anlass

Die aktuellen Ereignisse des Frühjahrs 2020 beeinflussen auch mein Buch, haben doch die Krankenhäuser unter der Corona-Epidemie eine Sonderlast zu tragen. Dabei schreitet der Strukturwandel in den Krankenhäusern weiter fort, was ja auch Thema und Anlass dieses Buches ist (Osterloh 2020, S. 60 ff.). Der Tenor dabei ist u. a, dass der anstehende Gesetzesentwurf zur Reform der Notfallversorgung eine Gefahr für die bestehende Notfallversorgung darstellt (Marburger Bund 2020).

Unter diesen grundgelegten Rahmenbedingungen ist das hier vorgelegte Buch geschrieben. Auch nach Überwindung der Epidemie wird es seine Aktualität und Berechtigung behalten, da es den aus vielen Gründen kommenden Veränderungen im Krankenhauswesen der nächsten Jahre eine Alternative zum üblichen Ruf nach Sparen und Personalabbau entgegensetzt. Deshalb habe ich mich entschlossen, das Buch nicht anzupassen, zumal derzeit wirklich nicht absehbar ist, wie Politik und Gesellschaft sich nach Überwindung der Epidemie und Normalisierung der Rahmenbedingungen verhalten bzw. verändern werden.

Deshalb mache ich auf der Basis des derzeit Bekannten meine Anmerkungen:

Wir erleben, dass auch in einem eigentlich reichen Land – immerhin kann unsere Regierung hunderte Milliarden Euro locker machen, um die Folgen für die Wirtschaft abzufedern, die der Lockdown hervorruft – dennoch die Kapazitätsgrenzen schnell erreicht sein können. Noch sind es Kassandrarufe, aber unmöglich erscheint das nicht. Aber was bleibt von dem Geldsegen der Regierung für das Krankenhauswesen übrig?

Im Hessischen Ärzteblatt (Andor 2020, S. 206) steht, dass sogar einfachste Billigartikel den Akteuren im Gesundheitswesen fehlen, die Versorgung mit Medikamenten – Standardmedikamenten, keine Exotica – „zunehmend störanfällig" ist. Die finanzielle Diskussion, die dahintersteckt, also letztlich das Sparen, wurde zwar geführt, aber man hatte den Eindruck, dass Sparen trotz seiner Folgen wichtiger war als der Gedanke an Gemeinwohl und Daseinsvorsorge. Es wird inzwischen sogar als Erfolg gefeiert, wenn China die dringend benötigten Atemmasken liefert, sie an Bord einer „umfunktionierten" Passagiermaschine eingeflogen werden.

Ein herausgegriffenes Beispiel: Es geht um Krankenhausbetten, die in zu großer Anzahl vorhanden seien. Das gilt auch für Intensivbetten, die zugegeben ziemlich teuer sind. Laut aktueller Statistik (Bublies und Heinrich 2020, S. 36) sind 28.031 (die genannten Zahlen stammen aus 2017, Tendenz leicht steigend) dieser Betten im gesamten Land vorhanden. Das bedeutet, dass wir 33,9 Intensivbetten pro 100.000 Einwohnern vorhalten. Nur die USA liegen mit 34,7 Betten pro 100.000 Menschen leicht darüber. Italien folgt mit 12,5 Betten pro 100.000 Einwohner auf Platz 3 vor Frankreich mit 11,6 pro 100.000 Einwohner.

Also liegen wir beim ca. dreifachen der großen europäischen Länder. Unwirtschaftlich? Diese Meinung wird vertreten. Oder muss ich in diesen Tagen korrigieren: Wurde vertreten?

Ich möchte darauf aufmerksam machen, dass Medizin ein „merkwürdiges" Business ist. Es kostet immens Geld. Und das auch noch für Vorhaltungen, die ihre Kosten bei

Leerstand nicht einspielen. Also versteht man die Ökonomen, die das ändern wollen –
weitere Einzelheiten siehe im Folgenden in diesem Buch.

Jedoch – trotz dieser hohen Zahl an Intensivbetten, die vorhanden sind, gibt es jetzt die
Anweisung der Bundes- und der Länderregierungen, die Anzahl der Intensivbetten in ei-
ner Hau-Ruck-Aktion zu verdoppeln. Das kostet sehr viel Geld, das aber plötzlich zur
Verfügung gestellt wird.

Was ist geschehen? Durch den Pandemiemodus der Gesundheits- und Weltwirtschaft
mit vermehrten Todesfällen ist jedem klar geworden, dass die vorhandenen Bettenzahlen
unzureichend waren. Was in „Normalzeiten" üppig bis übertrieben erschien, ist über Nacht
zur Mangelware geworden. Hier war jetzt nur von Intensivbetten die Rede. Auch wenn
man diese ziemlich schnell aufstocken kann: ein solch ausgerüstetes Hightech-Bett muss
auch bedient werden. Der Personalmangel beim Pflegepersonal hingegen ist dramatisch:
er ist auf 4,7 Köpfe pro Bett angestiegen. Die Folge: die „schönen" Betten konnten/können
nicht benutzt werden – der schönste Ferrari ist nur eine „rote Blechbüchse", wenn ihn
niemand fahren kann. Das ist drastisch dargestellt die aktuelle Situation auf den Intensivstationen im Land.

Auch wenn man, wie in diesem Buch gezeigt, durch gute bzw. sinnvollere Organisation
Personal besser einsetzen kann, bleibt dennoch evident, dass wir in den letzten Jahren
nicht nur an Technik, sondern auch an Personal zu viel gespart haben. Das rächt sich jetzt.

Die öffentliche Gesundheitsvorsorge hat Verfassungsrang; das wurde aber von den
Ökonomen übersehen. Diejenigen, die auf das Risiko dieses reinen Geldansatzes hingewiesen hatten, wurden zum Schweigen gebracht oder überhört. Dank der Corona-Epidemie
ist nun klar geworden, dass wir mehr gut ausgebildetes Personal brauchen, das auch entsprechend seiner Qualifikation bezahlt werden muss. Klar ist auch, dass wir uns nicht
mehr von einer Produktionsschiene allein abhängig machen können, denn wenn sie – aus
welchen Gründen auch immer – zusammenbricht, leiden alle. Der Ausfall von Wuhan in
der Arzneimittelversorgung für ein paar Wochen hat das sehr klar gezeigt.

Fazit; gute Organisation ohne unnötige Bürokratie, ohne Verschleiß von Ressourcen an
Personal und Material, ohne Verschwendung jeder Art ist essentiell. Dieses Buch zeigt
dazu einen guten Weg auf. Aber um diese Vorteile nutzen zu können, gibt es keinen anderen Ausweg, als das Spardiktat an Personal und Material aufzuheben und den Ökonomen
klar zu machen, dass Medizin kein Gewerbe ist, aus dem man Geld herausholen kann wie
aus einer Fabrik für ein Produkt. Medizin ist Gesundheitsfürsorge und Daseinsfürsorge,
die Geld kostet – auch für den „Fall der Fälle". Hoffen dürfen wir, dass solche Notfall-
betten nicht gebraucht werden, dass sie leer bleiben können. Aber wir müssen endlich
lernen, dass sie für unsere Sicherheit vorhanden sein müssen – ohne jede Diskussion. Die
Ergebnisse der Bertelsmann-Studie „Zukunftsfähige Krankenhausversorgung" (Bertelsmann Stiftung 2019a, weitere Einzelheiten zur Studie im Verlauf der Kapitel in diesem
Buch) jedenfalls wurden durch die Corona-Pandemie und ihre Zwänge zur Makulatur.
Wenn wir das aus der Corona-Pandemie gelernt haben, haben wir viel gelernt. Wir müssen
jedoch vermeiden, nach ein paar Wochen und Monaten in den alten, falschen Modus des
Sparens an der Gesundheit zurückzufallen.

Interessant in diesem Zusammenhang ist, dass die Bertelsmann Stiftung nun auf der gleichen Internetseite vom Juli 2019, auf der ein Abbau von Krankenhausbetten und die Halbierung der Klinikanzahl gefordert wird (Bertelsmann Stiftung 2019b), einen Text zur aktuellen Corona-Problematik eingefügt hat (siehe Update zu diesem Artikel im April 2020) mit dem Tenor, dass wir zwar immer noch zu viel von allem hätten, man aber nun neu nachdenken müsse. Jedoch: Weniger bleibt weniger, wird nicht wirklich mehr oder besser. Auch die in der Studie favorisierte Zentralisierung von Leistungen, aber z. B. bei Anfall der Versorgungsnotwendigkeit auch in der Fläche, ist keine Lösung, sondern erhöht im Gegenteil durch einen notwendigen Transport das gesundheitliche Risiko einerseits – und erhöht die Kosten dadurch noch andererseits. Das Kaputtsparen des Gesundheitssektors in Italien und Spanien hat sich jedenfalls negativ auf die Fähigkeit dieser Länder mit der Pandemie umzugehen, ausgewirkt. Die WHO hat den Unterschied zwischen diesen Ländern und Deutschland bereits bemerkt und ist bestrebt, das herauszustellen (Oltermann 2020 berichtet über dieses WHO-Statement). Wir in Deutschland wissen, dass neben guter Ausbildung, die die anderen auch haben, vor allem Geld ein entscheidender Faktor ist (Stand: 09.04.2020).

Ein wohl wichtiger Faktor könnte sein, dass Deutschland (noch) viele Krankenhäuser hat, so dass es praktisch aus dem Stand heraus mehr als 10.000 zusätzliche Intensivbetten mit Beatmungseinheiten installieren konnte. Ein Engpass in der intensivmedizinischen Versorgung ist – bis jetzt – zu keiner Zeit eingetreten, anders als in anderen Ländern, die deutlich weniger Krankenhäuser und somit deutlich weniger Intensivbetten vorhalten.

Wenn die Ideen der angesprochenen Bertelsmann-Studie (Bertelsmann Stiftung 2019a) aus dem Juli 2019 bereits vor der Corona-Pandemie umgesetzt worden wären mit der Halbierung der Zahl von Krankenhausbetten aus rein wirtschaftlichen Gründen, möchte ich mir das Katastrophenszenario, das dann hätte eintreten können, nicht ausmalen.

Geld ist wichtig, Sparsamkeit auch – aber Gesundheit ist signifikant wichtiger und erfordert die Bereitstellung von ausreichend Ressourcen. Das kostet Geld, gehört aber zur Daseinsfürsorge eines Staates für seine Bürger – mit Verfassungsrang in Deutschland.

Literatur

Andor, M. (2020). Politik – quo vadis? Zahlen und Hausaufgaben. *Hessisches Ärzteblatt 04/2020*.

Bublies, P., & Heinrich, C. (26. März 2020). Betten machen. *Die Zeit*, S. 36.

Bertelsmann Stiftung. (Hrsg.) (2019a). Zukunftsfähige Krankenhausversorgung. Simulation und Analyse einer Neustrukturierung der Krankenhausversorgung am Beispiel einer Versorgungsregion in Nordrhein-Westfalen. Gütersloh. DOI 10.11586/2019042. Heinrich. https://www.bertelsmann-stiftung.de/fileadmin/files/BSt/Publikationen/GrauePublikationen/VV_Bericht_KH-Landschaft_final.pdf. Zugegriffen am 09.04.2020.

Bertelsmann Stiftung. (2019b). Eine bessere Versorgung ist nur mit halb so vielen Kliniken möglich. https://www.bertelsmann-stiftung.de/de/themen/aktuelle-meldungen/2019/

juli/eine-bessere-versorgung-ist-nur-mit-halb-so-vielen-kliniken-moeglich. Zugegriffen am 15.07.2019.

Hessisches Ärzteblatt. (2019). Kongressbericht: Gegen den Trend der Durchökonomisierung der Medizin. Giovanni Maio und Volker Ritzel auf dem 3. BKK VAG-Tag in Frankfurt; Ausgabe 10/2019. https://www.laekh.de/images/Hessisches_Aerzteblatt/2019/10_2019/HAEBL_10_2019.pdf. Zugegriffen am 09.04.2020.

Marburger Bund. (2020). Stellungnahme des Marburger Bund Bundesverbandes zu dem Referentenentwurf des Bundesministeriums für Gesundheit Entwurf eines Gesetzes zur Reform der Notfallversorgung. https://www.marburger-bund.de/sites/default/files/files/2020-02/MB-Stellungn_RefEntwurf_Notfallversorgung_07022020.pdf. Zugegriffen am 08.01.2020.

Oltermann, P. (22. März 2020). Germany's low coronavirus mortality rate intrigues experts. *The Guardian*. https://www.theguardian.com/world/2020/mar/22/germany-low-coronavirus-mortality-rate-puzzles-experts.

Osterloh, F. (17. Januar 2020). Reise ins Ungewisse. *Deutsches Ärzteblatt, 117*(3).

Inhaltsverzeichnis

Einführung

1

1.1 Vorinformation

Das Buch ist in mehrere Abschnitte eingeteilt. Da es viele Leser gibt, die sich mit dem Kanban-System bzw. agilen Prozessmanagement schon befasst haben, können Sie gleich, nachdem Sie die Einführung in die Zusammenhänge gelesen haben, mit Kap. 4 diese Buches beginnen, so dass Sie sofort Krankenhausspezifika von Kanban vorfinden. Das ist für alle Krankenhausmenschen, egal welcher Berufsgruppe zugehörig, eingängig und leicht verständlich. Sie können die Umsetzung der Kanban-Prinzipien in den ersten beiden Abschnitten verstehen und nachvollziehen. In Kap. 5 folgen dann beispielhafte Prozessabläufe, die die Theorie in der Praxis erkennbar werden lassen.

Es gibt jedoch auch Leser, die sich erst einmal mit dem Grundprinzip von Kanban auseinandersetzen möchten, bevor sie sich mit den Krankenhausspezifika befassen werden. Für diejenigen habe ich eine knappe Darstellung der allgemeinen Kanban-Prinzipien in Kap. 2 vorangestellt. Es ist eine Art Kurzlehrbuch, jedoch keine umfassende Darstellung, da eine allgemeine Darstellung ja nicht zentrales Thema des Buches ist. Diese Leser seien aufgefordert, sich mit Spezialliteratur zu Kanban bzw. agilem Prozessmanagement zu befassen, aber die dort in der Regel nicht enthaltenen Krankenhausspezifika mitzudenken.

1.2 Einführung in die Zusammenhänge des agilen Prozessmangements

Sie sind sicher beim Buchtitel gestolpert, denn die Wortkombination „agiles *Projekt*management" ist Ihnen vermutlich geläufig, „agiles *Prozess*management" scheint dagegen erst einmal ein Widerspruch in sich zu sein. Das ist jedoch nicht so. Im Verlauf des Buches werden Sie sehen, dass Prozessmanagement im Krankenhaus Agilität geradezu hervorruft

© Springer Fachmedien Wiesbaden GmbH, ein Teil von Springer Nature 2020
W. Merkle, *Agiles Prozessmanagement im Krankenhaus*,
https://doi.org/10.1007/978-3-658-29874-6_1

und gleichzeitig erfordert. Besonders Krankenhäuser sind davon geprägt, dass sie einerseits flexibel und anpassungsfähig sein müssen (jeder Notfall, jeder Kranke verlangt das per se, weil die Situation immer anders und individuell ist), also im wahrsten Wortsinne agil, andererseits müssen sie ihre Prozesse sicher im Griff haben, um mit den bekannten Limitierungen an Personal, Ressourcen, Zeit, Geld, gesetzlichen Rahmenbedingungen klarkommen zu können.

Krankenhäuser leben also den permanenten Widerspruch. Dass das erhebliche Probleme mit sich bringt, ist evident. So sind die Krankenhäuser im ständigen Spagat zwischen guter medizinischer Behandlung einerseits und Kostenbewusstsein auf allen Ebenen andererseits.

Klassisches Prozessmanagement kann aber in einem Krankenhaus kaum durchgeführt werden, weil Krankheiten biologische Abläufe sind, die keinen menschengemachten Formalschritten gehorchen (können). Damit müssen Versuche von Verwaltungen und Geschäftsführungen letztlich scheitern, die einen Plan aufstellen, der schon durch die nächste Grippewelle zur Makulatur verdammt wird, denn die schiere Notwendigkeit, plötzlich und unvorhergesehen viele kranke Menschen behandeln zu müssen, sprengt jeden Personalplan, jeden Kostenplan, jede Materialbeschaffungsplanung etc.

Dass Krankenhäuser deshalb defizitär werden können trotz eigentlich guter medizinischer Arbeit, ist einsehbar. Da aber die Krankenversorgung in der Bundesrepublik Verfassungsrang hat, muss das Problem zu Wohle der Gesellschaft gelöst werden. Ich möchte hier beispielsweise auf die Drucksache des Bundestags zu dieser Problematik (Deutscher Bundestag 2015) und ein Urteil des Bundesverfassungsgerichts zur Krankenversorgung (11.04.2017, Az. 1 BvR 452/17) hinweisen.

In einer Pressemitteilung des Marburger Bundes hat der damalige Vorsitzende Rudolf Henke am 15.07.2019 klar darauf hingewiesen, dass Krankenhäuser der Daseinsvorsorge anstatt der Profitorientierung zu dienen haben. Gerade angesichts der im Juli 2019 diskutierten Bertelsmann-Studie (Bertelsmann Stiftung 2019b), dass nur durch Abbau von Kliniken eine bessere Versorgung möglich sei, weil u. a. der Personalmangel dies erfordere, eine für jeden Bürger aber in angemessener Zeit ein Krankenhaus für (Notfall-)versorgung erreichbar sein muss, also auch auf dem Land, stellt sich die Frage, wie weniger mehr werden soll. Wie bekannt, ist ein Personalmangel eine der Ursachen für steigende Fehlerhäufigkeit aufgrund zu großen Arbeitsdrucks, dem aber mit noch mehr Abbau zu begegnen, ist einem Risikomanager kaum zu vermitteln. Mit den vorhandenen – knappen – Ressourcen optimal umzugehen, ist dagegen die logische Folge. Dazu dient die Vermeidung von Organisationsmängeln, wie sie in derzeitigen Krankenhäusern nicht selten vorhanden sind. Auch diese Mangel- und Mängeltatsachen sind weitere Argumente für die flächendeckende Optimierung der Organisation – mithin wieder für die Organisationsoptimierung mittels agilen Prozessmanagements mittels Kanban. Erst wenn dieses Optimierungspotenzial erfolgreich gehoben ist, kann man wieder über die sinnvolle Verteilung und Anzahl von guten Kliniken diskutieren – auf der Basis des Grundgesetzes. Die Bertelsmann-Studie mag man als Anregung zum Denken nutzen, aber erst dann, wenn die Vorarbeiten getan sind.

Nun legt die Bertelsmann Stiftung nach und prognostiziert ein 50-Milliardendefizit der GKV (gesetzlichen Krankenversicherung) in den nächsten 20 Jahren. Neben Beitragserhöhungen, ggf. auch aus Steuermitteln, wird wieder die Ausgabendämpfung beschworen – zu viele Krankenhäuser, zu hoher Versorgungsstandard auch in der Fläche etc. Es werden Vergleiche mit Nachbarländern aufgemacht – Dänemark und Niederlande –, womit gezeigt werden soll, wie schlecht Deutschland sei. Medizinisch stimmt das nicht, wohl aber darf man konstatieren, dass bei uns die falschen finanziellen Anreize gegeben sind, z. B. „Rosinenpicken" belohnt wird. Jedoch – Ausgabenkürzung muss weder zu Lasten der Mitarbeiter im Gesundheitswesen noch der der Patienten gehen, wie das schon mal wieder empfohlen wird, sondern durch Heben von stillschweigenden Ressourcen in der Organisation – genau davon handelt dieses Buch.

Übrigens – es fällt auf, dass die Autoren und die meisten Mitglieder des Beirats der Bertelsmann-Studie Gesundheitsökonomen sind, keine Ärzte, mithin also Krankenhäuser nur von außen betrachten, nicht aber von der eigentlich essentiellen Position des am Patienten Handelnden. Die menschliche Komponente ist jedoch die essentielle Position, um endgültige Entscheidungen treffen zu können. Immerhin sind Patienten zwar auch „Kostenfaktoren", vor allem jedoch Menschen und nicht Ressourcen zur Gewinnmaximierung. Dass man auf wirtschaftlich vernünftiges Arbeiten/Handeln achten muss, ist eine Selbstverständlichkeit, die Benchmark muss jedoch der kranke Mensch sein mit seinen je spezifischen Bedürfnissen. Das „System" Gesundheitsfürsorge muss sich diesem Anspruch stellen und das Bestmögliche tun, nicht jedoch durch die Vorschiebung von Sekundärzielen den Menschen zu gefährden. Es muss weiter gelten: Salus aegroti suprema lex! (*Das Wohl des Patienten ist das oberste Gebot*). In der genannten Studie (Bertelsmann Stiftung 2019a), heruntergeladen am 20.07.2019, wird die Forderung aus dem GG (Grundgesetz), dass eine geeignete Klinik zeitnah zu erreichen sein muss, dahingehend relativiert, dass die Verlängerung der Fahrtzeiten zu einer Klinik nach Schließung der Hälfte der bundesrepublikanischen Häuser nur wenig zunähmen. Ein Gesundheitsökonom mag 10–15 Minuten nicht viel finden, ein Notarzt, der im Auto oder Hubschrauber um ein Leben kämpft, empfindet diese Minuten als gefühlte Ewigkeit. In der Studie wird davon ausgegangen, dass über 95 % aller Menschen binnen 30 Minuten – nach dem Kahlschlag – ein Krankenhaus erreichen könnten. Ist das Zeitoptimierung als „Survival of the fittest"? Man muss ferner auch davon ausgehen, dass nicht nur junge Menschen die Leistungen eines Krankenhauses brauchen, sondern gerade und besonders auch mobilitätseingeschränkte und ältere Patienten. Außerdem – viele Krankenhäuser leisten Grundversorgung, da die ambulante Versorgung das gar nicht schafft. Die Dichte niedergelassener Ärzte ist oft zu gering, um solche Lücken suffizient füllen zu können. Das aber wäre die Voraussetzung für solche Planspiele.

Auch wird in der Studie bemängelt, dass nicht in allen Fachabteilungen genügend Fachärzte ständig vor Ort seien. Diese Forderung vergisst (bewusst?), dass immer ein Erstaufnahmearzt vorhanden ist, der von einem binnen kurzer Zeit verfügbaren Rufdienstfacharzt unterstützt werden kann und wird. Ferner – was heißt „geeignete Klinik"? Solange keine definitive Diagnose vorliegt, kann u. U. selbst eine Uniklinik mit all ihren medizinischen

Möglichkeiten gerade eben ausreichen. Haben die Autoren der Studie diese medizinischen Fakten beachtet oder nur vom Schreibtisch aus ein Zahlenwerk theoretisch als Denkmodell behandelt? Diagnostik erfolgt immer ex ante, nie ex post *(immer nach vorn gedacht, wenn der Patient mit zunächst unklaren Symptomen kommt, nie schlaumeierisch vom bekannten Ergebnis her. N. Peseschkian sagte zu Recht: Alle Menschen sind schlau, manche von vornherein, andere hinterher.)*. Auch das Argument, dass angeblich nur Großkliniken gute Qualität bieten, ist so nicht richtig und auch nie wirklich bewiesen. Die Qualität des Arztes ist entscheidend. Siehe z. B. Meinertz (2012, S. 9): „Ärztliche Tätigkeit ist weitgehend eine Sache der Erfahrung". Immerhin war Meinertz viele Jahre Ordinarius in Hamburg-Eppendorf, hat also anders als die Studienautoren viel Erfahrung und Einblick – vor Ort am Patienten und auch übergreifend im „System". Nur bei großen und komplexen operativen Eingriffen wirkt das Kriterium der großen Zahl per se positiv, wenn es einfach um „Übung und Routine" geht.

Fazit – vor einem Kahlschlag sind Nachdenken und Einbeziehung ärztlichen Wissens unabdingbar; es ist auch unabdingbar, die Krankenhäuser zu optimieren und so in die Lage zu versetzen, mit begrenzten Ressourcen gute Arbeit zu leisten. Auch Susanne Renzewitz vom Marburger Bund Bundesverband sieht die Aussagen der Bertelsmann-Studie kritisch (vgl. Renzewitz 2019, S. 6).

Die Kritik an der Bertelsmann-Studie ist, vom Ende her gedacht, nicht grundfalsch, aber berücksichtigt medizinische Aspekte völlig unzureichend. Die Veränderung und Verbesserung der vorhandenen Krankenhäuser ist dagegen essentiell – agiles Prozessmanagement tut deshalb in den meisten Krankenhäusern Not. Denn: Agiles Prozessmanagement mittels Kanban ist geeignet, diesen wirtschaftlichen Widerspruch zwischen begrenzten Ressourcen und Gewinnstreben (jedes Krankenhaus muss Gewinne erwirtschaften, um in gutes Personal und neue Medizingeräte investieren zu können) in sich zu lösen. Krankenhäuser können bei Kanban-optimierter Arbeitsorganisation mit den vorgegebenen Limitierungen an Personal, Geld etc. durchaus eine gute, qualitativ hochwertige, menschengerechte! Patientenversorgung leisten, die Mitarbeiter schonen (derzeit arbeiten sie am Limit), Geldverschwendung verhindern – unabhängig von ihrer Größe.

Und – das wird Ärztinnen und Ärzte besonders erstaunen – die Diagnostik selbst komplizierter Fälle kann Kanban erleichtern. Auch das wird, wie die anderen Dinge, im Laufe des Buches gezeigt werden.

Voraussetzung ist jedoch, sich von dem üblichen Bild von Kanban, wie es aus der IT stammt, zu lösen und den „Spirit" der Methode zu entdecken und anzuwenden. Dass dies notwendig ist, erkennt man schon, wenn man im Web „Kanban in der Medizin" in die Suchmaschine eingibt. Dann finden sich zwar zahlreiche Einträge, jedoch alles Vorgestellte behandelt nur die Optimierung der Materialwirtschaft inklusive Arzneimittelversorgung und die Blutspendedienste.

Das ist zwar wichtig. Aber für mich als Arzt ist das nur ein ganz kleiner Teil der großen Organisation Krankenhaus. Dass es besser geht und das ganze Krankenhaus mit Kanban zum Vorteil aller (!) Berufsgruppen sowie der Patienten arbeiten kann, ist also Thema dieses Buches.

Wenn man die Literatur durchschaut, findet man einiges zum Thema Agiles Prozessmanagement. Aber ich konnte trotz Internetrecherche kein Buch finden, dass diese Technik auf Krankenhäuser allgemein überträgt. Das mag am besonderen „Arbeitsmaterial" eines Krankenhauses liegen, am kranken Menschen. Auf der anderen Seite sind Krankenhäuser jedoch klassische „Mittelständler" mit einer komplexen Struktur, die es möglichst gut und kostensparend zu organisieren gilt (Es ist schließlich das Geld der Bürginnen und Bürger des Staates, das hier genutzt wird). Dieses Buch wird zeigen, dass die Berührungsängste von Medizinbetrieben mit der Behandlung von Menschen (in diesem Sinne ist Agiles Prozessmanagement in der Materialwirtschaft eines Krankenhauses also nicht zu verstehen) und ihrer Mitarbeiter zum Organisationsmanagement mittels der agilen Kanban-Methode nicht gerechtfertigt sind.

Das Primat der „Menschenarbeit" durch Ärzte und Pflegepersonal bleibt bestehen; im Gegenteil, Kanban erleichtert diese Arbeit zusätzlich.

Wer nun denkt, dass das alles teuer sei, wird am Ende positiv überrascht sein. Der anfängliche Aufwand ist relativ gering. Das hervorgebrachte Lean-Management schafft Personalzufriedenheit und mindert durch Optimierungen Kosten.

Ach ja – und die Diagnostik von Patienten wird auch noch verbessert und fehlerärmer.

Kasten 2

Kanban im modernen Krankenhaus – als Lösungsweg der aktuellen politischen Situation

„Personalvorgaben für Ärzte" (Osterloh 2019, S. 738 ff.)

Dieser Artikel im Deutschen Ärzteblatt beleuchtet die aktuelle Personalproblematik einerseits und den Versuch der Lösung im aktuellen politischen Umfeld andererseits.

Wenn man diesen Artikel aufmerksam liest, liest er sich wie eine „Werbebroschüre" für die Einführung eines Kanban-Systems, wie es in diesem Buch beschrieben ist. Nachfolgend werden Zitate vorangestellt und danach der Bezug/der Lösungsweg im Kanban-System aufgezeigt, wobei die Einzelheiten natürlich dem Buchtext vorbehalten bleiben.

„(...) Personalmangel und die Arbeitsverdichtung in der Pflege. Dabei sind die Probleme im ärztlichen Dienst ähnlich dramatisch". Wie der Artikel zeigt, wird in den Häusern aufgrund der gesetzlich geregelten Personaluntergrenzen (2018) zwar reagiert, aber bevorzugt durch Verschiebung und Verlagerung der Arbeit. Der gesamte Artikel zeigt, dass das der falsche, weil untaugliche Weg ist. Deshalb hat die BÄK 7 Forderungen aufgestellt:

Ad 1: „verbindliche Personalvorgaben": Kanban kann die tatsächlichen Personalmengen klar und unmissverständlich darstellen; Verschiebungsversuche werden deutlich durch Auswirkungen auf andere Bereiche. Eine „Kirchturmlösung" decouvriert sich als unsinnig.

Ad 2: „Personalvorgaben müssen in allen Krankenhausbereichen gelten": Kanban ist ein System für das gesamte Krankenhaus, besonders wenn man WIP-Limit und das Flight-level-System anwendet.

Ad 3: „Alle Tätigkeiten, ... Mitarbeiter und Teamentwicklung, des Qualitätsmanagements und Aufgaben der intra- und interpersonellen Zusammenarbeit ...": Kanban ist umfassend, zeigt die Abhängigkeiten aller von allen und steigert die Qualität auch durch Minderung des Risikos bei der Arbeit.

Ad 4: „Die Bestimmung der ... Personalausstattung erfordert den Einsatz eines standardisierten Bemessungsinstruments zur Erfassung des Personalbedarfs": Es gibt im Kanban-System die vielfach bewährte und praktikable Personalbedarfsrechnung auf der Basis des WIP-Limits (Work-in-Progress-Limit), das nachprüfbar zeigt, wie viel Arbeit von wie viel Personal erledigt werden kann.

Ad 5: „Personalvorgaben für alle": Auch hier ist die Grundlage das WIP-Limit (Work-in-Progress-Limit). Es ist berufsgruppenunabhängig. Jede Person hat Einfluss auf das WIP-Limit, siehe die unmittelbar erkennbaren Auswirkungen in den verschiedenen Szenarien in Kap. 5.

Ad 6: „Nichteinhaltung des Arbeitszeitgesetzes und von Tarifverträgen": Auch hier enthüllt die Betrachtung und Beachtung des WIP-Limits die vorliegende Situation. Das Argument, dass Notfälle das System sprengen würden, ist falsch, denn zwar bekommt ein Notfall oberste Priorität, aber seine Behandlung hat Auswirkungen auf das WIP-Limit des gesamten Hauses, siehe auch hierzu Kap. 5. Nur eine vollständige Dokumentation des gesamten Hauses, wie Kanban sie ermöglicht, öffnet das Verständnis für die Situation und beendet interessengetriggerte Diskussionen.

Ad 7: „Mangelhafte Verfügbarkeit ärztlicher Arbeitskraft": Kanban bzw. darin das WIP-Limit (Work-in-Progress-Limit) macht das offenbar. Dann wird auch sichtbar, wie viele „nichtärztliche" Tätigkeiten von Ärzten „nebenher" erledigt werden müssen. Mache Arbeit sichtbar – eine klassische Kanban-Technik. Dann wird auch sichtbar, dass ärztliches Personal fehleingesetzt wird, um pflegerische Aufgaben zu erledigen.

„Untergrenzen werden zu Obergrenzen gemacht": Die derzeitige Diskussion ist in sich sinnlos und nicht zielführend, da sie interessengesteuert ist. Die klassischen Kanban-Techniken: „mache Arbeit sichtbar" und das WIP-Limit objektivieren für alle Seiten den Istzustand und ermöglichen die notwendigen Lösungen auf dieser objektiven Datenlage. Personalverlagerungen, wie derzeit beliebt, werden ebenfalls sichtbar und scheiden damit als „Lösung" aus. Die ebenfalls geforderte Transparenz ist das klassische Produkt des Kanban-Systems.

Die Sollqualität, die derzeit schwer messbar ist, wird durch die allseits geforderte Transparenz des gesamten Krankenhauses im Kanban-System als erwünschtes „Nebenprodukt" erzielt.

Abb. 1.1 Kanban-Praktiken

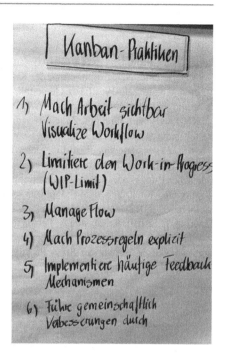

Dass dies in der Tat alles in Kanban enthalten ist, zeigt die Abb. 1.1 als Übersicht.

Nach diesem Einführungskapitel wird zunächst das Kanban-Prinzip vorgestellt. Das erleichtert für die Allermeisten das Verständnis. Wer Kanban schon kennt, kann dieses Kapitel vermutlich überspringen und gleich mit Kap. 3 des Buches beginnen. Aber Kap. 2 querzulesen dürfte auch für Kundige durchaus (und sei es als Wiederholung) sinnvoll sein.

Wenn Sie nun der Auffassung sind – das ist doch alles Unsinn. Krankenhaus ist Krankenhaus – und das hat sich in Jahrzehnten und fast weltweit so entwickelt wie es derzeit ist, und so soll es bleiben, dann lade ich Sie ein, sich einmal ein Video anzusehen.

Denken Sie an das Zitat von O. Wright zu Beginn des Buches – da ein Mensch nicht selbst fliegen kann – das ist bis heute so geblieben – musste er Phantasie aufbringen, sich doch irgendwie in die Luft zu erheben. Genauso brauche ich jetzt Ihre Phantasie, die althergebrachten Muster zu durchbrechen und das Prinzip Krankenhaus neu zu denken – also althergebrachte Organisationsmuster zu durchbrechen. Dass „Musterbrecher" sehr wohl erfolgreich(er) sein können, zeigt Ihnen das Video „Musterbrecher – Der Film"[1]

---

[1] Ein Preview gibt es hier: https://www.bing.com/videos/search?q=musterbrecher+youtube&&view=detail&mid=BE1A034C15241C4D52EABE1A034C15241C4D52EA&&FORM=VRDGAR&ru=%2Fvideos%2Fsearch%3Fq%3Dmusterbrecher%2Byoutube%26%26FORM%3DVDVVXX.

Literatur

Bertelsmann Stiftung. (Hrsg.) (2019a). Zukunftsfähige Krankenhausversorgung. Simulation und Analyse einer Neustrukturierung der Krankenhausversorgung am Beispiel einer Versorgungsregion in Nordrhein-Westfalen. Gütersloh. DOI 10.11586/2019042. Heinrich. https://www.bertelsmann-stiftung.de/fileadmin/files/BSt/Publikationen/GrauePublikationen/VV_Bericht_KH-Landschaft_final.pdf. Zugegriffen am 09.04.2020.

Bertelsmann Stiftung. (2019b). Eine bessere Versorgung ist nur mit halb so vielen Kliniken möglich. https://www.bertelsmann-stiftung.de/de/themen/aktuelle-meldungen/2019/juli/eine-bessere-versorgung-ist-nur-mit-halb-so-vielen-kliniken-moeglich. Zugegriffen am 15.07.2019.

Deutscher Bundestag. (2015). Ausarbeitung. Grundgesetzlicher Anspruch auf gesundheitliche Versorgung. Aktenzeichen: WD 3 – 3000 – 089/15.

Meinertz, T. (2012). *Herzangelegenheiten*. München: Beck.

Osterloh, F. (2019). Krankenhaus: Personalvorgaben für Ärzte. *Deutsches Ärzteblatt, 116*(41) vom 11.10.2019.

Renzewitz, S. (06. September 2019). Provokante Planspiele aus Gütersloh. *Marburger Bund Zeitung*.

2

Dieses Kapitel dient dem Kennenlernen eines im Krankenhaus weitgehend unbekannten Organisationsprinzips, bevor es im Buch nachfolgend für das Krankenhaus versteh- und umsetzbar gemacht wird.

2.1 Grundlagen

Kanban ist ein Kunstwort, das aus **Kan** (Signal) und **Ban** (Karte) – beides japanische Worte – zusammengesetzt ist, und folglich „Signalkarte" heißt.

Es geht darum, dass das Automobilunternehmen Toyota als Erfinder dieser Organisationprinzips in den 1960-iger Jahren, festgestellt hat, dass die Arbeit zügiger, stressärmer und präziser abläuft, wenn die Produktionseinheiten so zusammenarbeiten, dass sie nicht mit Aufgaben zugeschüttet werden, sondern erst dann den nächsten Arbeitsabschnitt angehen mussten, wenn sie per Signalkarte angezeigt haben, dass sie wieder Kapazität dafür frei hatten.

Führt das damit nicht zu Schlendrian, weil die Arbeiter nur dann anzeigen, dass sie „frei" sind, wenn sie Lust dazu haben und somit die Arbeit verzögern?

Viele CEOs glauben das und setzen ihre Mitarbeiterschaft unter ständigen Arbeitsdruck – und sind auch noch stolz darauf, dadurch als „harte Knochen" zu gelten, die den „Laden im Griff haben".

Aber stimmt das? Toyota – nicht gerade für Faulheit bekannt – konnte zeigen, dass das Gegenteil der Fall ist, wenn man mit Mitarbeitern pfleglich umgeht. Was ist also das „Geheimnis" von Kanban?

> *Workers are knowledge workers if they know more about the work they perform than their bosses.*
> *(Peter Drucker)*

© Springer Fachmedien Wiesbaden GmbH, ein Teil von Springer Nature 2020
W. Merkle, *Agiles Prozessmanagement im Krankenhaus*,
https://doi.org/10.1007/978-3-658-29874-6_2

Die Theorie hinter dem Ganzen stammt von David J. Anderson (entwickelt Anfang des 3. Jahrtausends während seiner Zeit bei Microsoft). Kanban, so hat er gezeigt, ist eine Management-Technik, die die Wissensarbeit verbessert und sowohl Hardware- als auch Softwareprodukte verbessern hilft. (Anmerkung: Toyota hat in den Pannenstatistiken des ADAC immer vorderste Plätze für pannenarme, zuverlässige Autos belegt.) Dabei wird vom Status quo ausgegangen, nicht von einer wie auch immer gearteten Wunsch- oder Fiktivvorstellung. Aber gleichzeitig wird dafür gesorgt, dass sich Veränderungen/Verbesserungen schnell und sicher ergeben.

Dazu geht es vor allem darum, dass ein Workflowsystem etabliert wird, das das vorhandene System und seine Mitarbeiter nicht überfordert. Das entscheidende Moment spielt dabei das sogenannte WIP-Limit (WIP = Work in Progress). Mithin heißt das, dass zwar so viel wie möglich gearbeitet werden soll, aber eben nicht mehr. Was geht, geht. Was zu viel ist, ist zu viel. Das bedeutet gleichzeitig, dass alle Mitarbeiter aufeinander achten müssen. Das strikt einzuhaltende WIP-Limit führt zu einem sogenannten „Pull-System", d. h. man arbeitet solange, wie man braucht. Erst wenn man fertig ist, wird das angezeigt und das nächste Werkstück zur Bearbeitung „herbeigezogen". So ist das Team zwar ständig beschäftigt, aber nur bis an seine Grenze, jedoch **nicht** darüber hinaus.

Das Gegenteil ist ein Push-Prinzip, bei dem von außen, ohne Rücksicht auf System bzw. Mitarbeiter, immer mehr Arbeit in das System gepumpt wird, bis dieses dekompensiert oder Qualitätsabstriche macht (bzw. machen muss), und die Mitarbeiter zunehmend erschöpft(er) werden. Letztlich führt das zu einem erhöhten Krankenstand – volkswirtschaftlich und auch für die Firma nicht wirklich ein Gütezeichen, von den Kosten dafür ganz zu schweigen.

Vorsicht also: Kanban erfordert – und führt zu – einem Umdenken der Leitungsebene(n):

Weg vom Auslastungsprinzip hin zum Ergebnisprinzip.

Es ist nicht sinnvoll für den ROI (Return on Investment) einer Firma, die Mitarbeiter maximal auszulasten, viele Produkte anzufangen, wofür viel teure Ressourcen verbraucht werden, sondern durch Lean-Management (Lean Kanban) dafür zu sorgen, dass mit einem optimierten Einsatz von Ressourcen – human und non-human ein maximaler Ertrag (ROI) erzeugt wird. Hier stimmt also der scheinbar widersprüchliche Satz:

Weniger (Ressourcenverbrauch) **ist Mehr** (Ertrag)

Noch eine Erkenntnis: Lokale Optimierung (im Push-Prinzip) führt zu globaler (system-/abteilungsübergreifender) Suboptimierung.

Anderson hat gezeigt, dass bei Einhaltung folgender Kanban-Werte das System funktioniert und die Signalkartentechnik, nun als WIP-Limit organisiert umgesetzt, mittels eines Kanban-Boards der Schlüssel dazu ist.

Die Werte von Kanban sind
- Transparenz
- Ausgewogenheit
- Zusammenarbeit

- Sichtweise des Kunden einnehmen
- Optimierter Workflow
- Führungseigenschaften
- Verständnis
- Gemeinsame Vereinbarungen einhalten
- Respekt
- Wertesystem vereinbaren

Transparenz – bedeutet, dass alle Informationen, die benötigt werden, offen zwischen den Arbeitsbereichen ausgetauscht werden. Dazu bedarf es einer gemeinsamen Sprache und Plattform, um Missverständnisse zu vermeiden

Ausgewogenheit – bedeutet, dass verschiedene Aspekte, Sichtweisen und Fähigkeiten aufeinander abgestimmt werden müssen

Zusammenarbeit – ZUSAMMEN im Sinne von eingehaltener Gemeinsamkeit

Kundensichtweise – bedeutet: es geht um das Ergebnis, nicht um den Narzissmus der Firma bzw. ihrer Führung bzw. ihrer Mitarbeiterschaft

Workflow – bedeutet, dass es vorwärts geht durch Zusammenarbeit und Teilen gleicher Werte

Führungseigenschaften – sind die, die eine Belegschaft motivieren, nicht mit der „Peitsche" antreiben

Verständnis – meint Selbstwertgefühl, um bereit zu sein zu Veränderungen, die Verbesserungen erst ermöglichen

Gemeinsame Vereinbarungen – müssen festgelegt, dann aber von allen eingehalten werden

Das alles erfordert gegenseitigen *Respekt* – von unten nach oben und von oben nach unten. Damit kann das vorgenannte *Wertesystem* gelebt werden und steht nicht, wie leider nicht selten, nur auf dem Papier.

Daraus folgen Prinzipen, die grundlegend für Kanban sind:

- Changemanagement:
    a) Starten mit dem, was man vorfindet
    b) Verbesserungsprozess durch Evolution
    c) Führungsqualität auf jeder Ebene
- Servicelevel: (im weiteren Sinn):
    a) Verstehen und Fokussierung auf die Bedürfnisse des Kunden
    b) Workflowmanagement, indem die Mitarbeiterschaft sich selbst organisiert (natürlich durch Coaches unterstützbar)
    c) Akzeptanz/Ziel, die Ergebnisse/Bedürfnisse sowohl der Kunden als auch der eigenen Firma zu verbessern (im klassischen Sinn)
    d) Gewichtung der einzelnen Aufgaben (im Krankenhaus beispielsweise: Notfall – Normalfall etc.)

Der entscheidende Punkt ist die Beachtung eines Flow-Systems. Das bedeutet, der Arbeitsfluss vom Beginn bis zum fertigen Produkt ist entscheidend, mithin die sog. „Work in Progress".

Das ist eigentlich selbstverständlich, jedoch gibt es immer noch Organisationen/Firmen, die die Kunden fast zwingen, sich ihren Bedürfnissen anzupassen, anstatt sich auf den Standpunkt des Kunden zu stellen, auf seine Bedürfnisse einzugehen. Erfolgreiche Firmen tun dies, ohne dabei das eigene Profil zu verschleiern. Das Geheimnis ist, den Kundenwunsch nach einem möglichst raschen Ergebnis bzw. Endprodukt zum Steuerelement zu machen, anstatt mehr Aufträge anzunehmen, als die Produktionskapazität langfristig ermöglicht.

Das Interessante ist dabei, dass man durch diese Begrenzung der Produkte, die gerade in der Herstellung sind, folgende Erfolge vorweisen kann:

• Der Kunde weiß, wann sein Produkt in Arbeit ist und erhält einen ziemlich sicheren Liefertermin.
• Der Kunde weiß, dass sorgfältig, ohne Hektik, an seinem Produkt gearbeitet wird, was die Qualität erhöht.
• Die Wartezeit in einem geordneten Prozess ist kalkulierbar.

Als „Nebeneffekt" verbessert sich das Arbeitsklima der Firma, der Krankenstand sinkt, der ROI steigt, der Ressourcenverbrauch zur Erstellung eines Produktes wird vermindert bzw. optimiert.

Was hier beschrieben wurde, ist das sogenannte WIP-Limit und seine Auswirkungen. Um diesen so unglaublichen Prozess und seinen Effekt zu belegen, kann man ein einfaches Spiel durchführen:

2.2   Ein Beispiel: Schiffe falten

Dabei geht es um zwei Organisationsmethoden, die mit dieser kleinen „Werft" demonstriert werden – zur Nacharbeit im eigenen Betrieb empfohlen.

Abteilung A arbeitet klassisch. Jeder reinkommende Auftrag wird sofort bearbeitet. Wenn die Produkte gut sind, wird die Arbeit immer mehr. Sie stapelt sich. Irgendwann wird aber alles fertig und ausgeliefert, die Auslastung der Werft ist maximal.

Abteilung B arbeitet auch mit/an guten Produkten, nimmt aber nur so viel Arbeit an, wie die Menschen- und Maschinenkapazität maximal ermöglichen. Es gibt dadurch in einzelnen Arbeitsschritten auch mal eine kleine Pause, während der auf das Vorprodukt für das einzelne Team gewartet werden muss.

Bevor nun – bewusst erst auf der nächsten Seite – dieses Spiel vorgestellt wird, sollen Sie bitte abschätzen, ob Abteilung A oder B innerhalb einer vorgegebenen Zeit mehr *fertige und schwimmfähige* Schiffe an den Kunden (eine Reederei) ausliefert.

Bitte unterlassen Sie den Reflex, umzublättern und schon mal vorzulesen! Überlegen Sie erst, bevor Sie weiterlesen. Besser noch: Sie unterbrechen die Lektüre des Buches und spielen das Spiel selbst mit Ihrem Team in Ihrer Firma. Danach dürfen Sie weiterlesen.

Hier noch die Spielanweisung:

- *Spieldauer für beide Abteilungen 3 Minuten (man kann auch nur mit einem Team spielen, dann aber in zwei Durchgängen A und B; ansonsten ist alles gleich)*
- *Für jeden Faltschritt ist ein Mitarbeiter zuständig. Gegenseitige Hilfen sind nicht zulässig.*
- *Der Spielleiter startet. Er misst die Zeit und gibt die Papierseiten als „Lieferant" bzw. „Lagerleiter" an die beiden Abteilungen.*
- *Jeder Mitarbeiter im Team führt nur einen Faltschritt durch.*
- *„Abteilung A" bekommt in unaufhörlichem Strom Papier – ein Blatt nach dem anderen, um es jeweils zu einem Schiff zu falten*
- *„Abteilung B" erhält ein Blatt nach dem anderen erst, sobald der Annahmespieler, der die erste Faltung vornimmt, dem „Lagerleiter" signalisiert (am besten durch Handheben), dass er mit seinem ersten Arbeitsschritt fertig ist. Auch alle anderen in den folgenden Faltschritten müssen jeweils dem Vorgänger signalisieren, sobald sie mit ihrem Faltschritt fertig sind, um das nächste in Produktion befindliche Schiffsteil zur Weiterbearbeitung zu übernehmen. Solange dieses Signal nicht kommt, darf ein Vorprodukt nicht an die nächste Stufe weitergegeben werden. Pausen können also entstehen.*
- *Nach 3 Minuten stoppt der Spielleiter. Alle bis dahin fertigen (und schwimmfähigen) Schiffe werden gewertet.*

Faltspiel – Papierschiff

Wer nun nicht weiß, wie ein solches einfaches Papierschiff gefaltet wird, wird im Netz fündig. Man gebe z. B. ein: „papierschiff falten anleitung pdf" und findet dann gezeichnete, gebastelte oder auch per Video dargestellte Anleitungen.

Die technische Seite der „Werft" ist damit geklärt. Es geht an dieser Stelle ausschließlich um das, was dieses einfache Faltspiel an Lerneffekt für die eigene Firma oder das eigene Krankenhaus beinhaltet.

Noch eine Anmerkung: Bevor Sie nun weiterlesen, diskutieren Sie das Ergebnis Ihres Spiels. Als ich es zum ersten Mal gespielt hatte, konnte ich mir das Ergebnis zunächst kaum erklären. Was dahintersteckt – wird im Folgenden erklärt, aber erst nach dem Spiel!

Was ist Ihnen aufgefallen?
Wohl sicherlich, dass die Ergebnisse der beiden Durchgänge so unterschiedlich nicht sind, obwohl es bei Abteilung B sogar Pausen oder Verzögerungen gab.

Was ist der Grund?

Sobald der Produktionsprozess aufwändiger wurde, d. h. je später ein Faltschritt gemacht werden musste, desto komplizierter und damit zeitaufwendiger wurde er, desto weniger sinnvoll war es, den Mitarbeiter dort mittels eines Berges von Halbfertigprodukten unter Druck zu setzen. Zwar hat sich der Mitarbeiter sicherlich bemüht, schneller zu arbeiten, jedoch, was kam dabei heraus?

Die Qualität sank.

Das führt uns zu der Problematik des Begriffs „fertig". Fertig im strengen Sinne ist nur ein Produkt, das fehlerfrei ist. Durch die schnellere, also hektischere Arbeit an komplizierten Arbeitsschritten wurden die Faltschritte immer unpräziser, so dass es teilweise zu Endprodukten kommen musste, die den Qualitätsanforderungen nicht ausreichend genügten, also zeitaufwendig nachgebessert werden müssten.

Fazit: Die Anzahl wirklich fertiger, qualitativ hochwertiger Endprodukte war bei der Gruppe, die immer erst dann den nächsten Schritt anging, wenn das möglich war (also Abteilung B) letztlich sogar größer.

Hätten Sie das anfangs gedacht?

Da das Ziel ein wirklich fertiges Produkt eines sorgfältig gefalteten Schiffes war, war die scheinbar langsamere Arbeitsweise von Gruppe B nicht nur entspannter, sondern hat ein noch besseres Gesamt-Outcome erzielt, mithin: weniger Hektik erzeugt bessere Ergebnisse.

Oder anders: Abteilung A hat bei höheren Produktionskosten infolge höherem Ressourcenverbrauch ein schlechteres Endergebnis erzeugt als Abteilung B und muss auch noch Geldabzug wegen Minderqualität befürchten. Die Abkehr von maximaler Arbeitsauslastung zugunsten eines maximalen Endergebnisses ist also sinnvoll. An Ende erhält der Kunde ein gutes Produkt in einer angemessenen Zeit mit hoher Qualität zu einem akzeptablen Preis, wenn er sich eine Firma aussucht, die wie Abteilung B organisiert ist.

Das gilt für jeden Betrieb, jede Branche, jeden Arbeitsprozess. (Übrigens auch im Krankenhaus!)

Was Sie hier nun gesehen haben, entspricht einer Gesetzmäßigkeit, genannt

Little's Law:
Der Durchsatz ist der Quotient aus WIP ./. TIP.

WIP kennen Sie schon, TIP bedeutet: Time in Process.

Dieses Gesetz ermöglicht also eine wichtige Einsicht in Kanban-Systeme. Um die Zeit im Prozess zu optimieren, muss die Arbeit im Prozess limitiert werden.

Die Ermittlung und Einhaltung (!) eines optimalen WIP-Limits ist also zur Erlangung eines optimalen Outcome essentiell!

Es gibt aber noch mehr Grundprinzipien eines funktionierenden Kanban-Systems:

- Sichtbarmachung von Arbeit
- Einhaltung eines WIP-Limits

- Management des Arbeitsflusses
- Vereinbarungen gelten für alle
- Regelmäßiges Feedback ist Pflicht
- Verbesserungen müssen gefunden und umgesetzt werden

Im Einzelnen bedeutet das:

- Nur sichtbare Arbeit kann geplant und damit eingeplant werden mit dem Bedarf an Human und Non-human Resources. Überstunden dürfen damit nicht versteckt werden. Wenn sie mal vorkommen, ist das so. Aber sobald sie regelmäßig vorkommen, stimmt die Planung nicht.
- Dadurch wird spätestens beim Feedbackdurchgang erkennbar, dass Verbesserungspotential vorhanden ist, das es umzusetzen gilt. Vielen von Ihnen ist das als PDCA-Zyklus wohlbekannt.

Das Kanban-Board macht die vorhandene Arbeit, also z. B. die Auftragseingänge, für alle sichtbar als Input-Queue.

Der nächste Blick geht auf das WIP-Limit. Damit zeigt sich, wie gut bzw. schnell sich die Aufträge erledigen lassen. Bei einem WIP-Limit von 2 und einem Input-Queue von 6 ist offensichtlich, dass nur ein Drittel der Aufträge an diesem Tag erledigt werden kann. Dass aber schnelleres Arbeiten diesen Auftragsberg nicht schneller oder besser erledigen kann, haben wir in dem vorherigen „Plan"-Spiel gesehen.

Also müssen andere Entscheidungen getroffen werden, z. B. mehr Personal einstellen, Weiterleitung der Aufträge an Mitbewerber, mehr Maschinen anschaffen etc. Mithin müssen Entscheidungen getroffen werden, die das WIP-Limit sicher und dauerhaft erhöhen lassen.

Anstatt, wie es immer wieder versucht wird, durch den (falschen) Push-Ansatz die Mitarbeiter anzutreiben, sollte die Führung die Organisation reformieren und zum Pull-Ansatz übergehen. Es lohnt sich, wie Sie gesehen haben. Und die Belegschaft dankt es zusätzlich.

Wenn man auf diese Weise den Arbeitsfluss steuert, gelingt es auch, die Zeit zwischen Ankauf und Bezahlung von Rohstoffen/Arbeitsmitteln bis zur Bezahlung des fertigen, ausgelieferten Endproduktes kurz zu halten; Cost of delay ist damit so kurz wie möglich, was dem Cashflow der Firma ebenfalls zu Gute kommt. Ein Kontokorrentkredit zur Finanzierung dieser Wartezeit kann also knapp geplant werden.

Das hört sich alles gut an, aber funktioniert es auch? Es gibt eine Vorbedingung, damit das so ist: jeder Mitarbeiter, egal auf welcher Ebene der Unternehmenshierarchie, **muss** sich an diese Firmenpolitik, die das Kanban-System darstellt, halten.

Wenn z. B. ein Abteilungsleiter meint, sich nicht an das WIP-Limit halten zu müssen, gerät das System aus den Fugen – und funktioniert nicht, zumindest schlechter. Wenn er meint, dass das WIP-Limit falsch gesetzt ist, mag das stimmen. Es darf aber erst in einer Feedbackrunde besprochen und dann gemeinsam verändert werden.

In solchen regelmäßigen Feedback-Loops ist außerdem Folgendes zu besprechen:

- Künftige Strategie
- Arbeitsbedingungen (human und non-human-Ressourcen) und die Wechselwirkungen der Teams untereinander
- Risikomanagement
- Verbesserungspotential auf allen Ebenen
- Nachschubplanung
- Planung der Dauer des gesamten Herstellungsprozesses

Tägliche sog. (Stand-up)[1]-Meetings helfen bei der täglichen Planung der anstehenden Arbeiten.

Solche täglichen Planungen verhindern, dass man nebeneinander, anstatt in verschiedenen Aufgaben miteinander arbeitet. Wenn nämlich jeder einen Überblick hat, was insgesamt zu tun ist, auch wenn er nur einen Bruchteil davon selbst beitragen muss/beiträgt, ist es möglich, bei immer mal wieder auftretenden unvorhergesehenen Engpässen den anderen Teammitgliedern zu helfen, wenn die eigene Arbeit bereits erledigt sein sollte.

Das sollen Ausnahmen sein, sind also nicht mit organisatorischen Engpässen, sogenannten Bottlenecks (siehe Abschn. 4.10) zu verwechseln. Diese müssen systematisch angegangen und gelöst werden.

2.3   Wie ein Kanban-System eingeführt wird

Prinzipiell – und so lehren es alle Kanban-Bücher – fängt man mit dem an, was man hat und entwickelt dann das System Schritt für Schritt weiter. Das bedeutet, dass man nicht einfach ein neues System der vorhandenen Organisation überstülpt, sondern zunächst das Prinzip der bereits genannten Regeln erklärt und verständlich macht, denn eines ist bei der Einführung von bzw. Umstellung auf Kanban essentiell: Die Regeln sind für alle verbindlich – ob CEO oder Lagerist. Stellen Sie sich Kanban als eine Sprache vor – wenn einige sie nicht sprechen und verstehen, kann eine vernünftige Kommunikation nicht erfolgen.

> *A system must be managed. It will not manage itself.*
> *(W. Edwards Deming)*

---

[1] *Ursprünglich war es in der Tat so, dass sich für etwa eine Viertelstunde das gesamte Team vor einem Kanban-Board traf, das an der Wand hing. Dabei stand man in der Regel.*

Ein Weiteres – man kann eine Sprache lernen, indem man in dem Land, in dem diese Sprache gesprochen wird, lebt und aufschnappt, was man aufschnappen kann. Das funktioniert eines Tages, aber besser, vor allem schneller, geht der Spracherwerb, wenn man einen guten Lehrer zur Erklärung hat. Bei der Einführung von Kanban sind das sogenannte Trainer für das Allgemeine und Coaches für die Umsetzung im eigenen Betrieb, denn der Coach kann sich den je spezifischen Bedürfnissen anpassen – und damit auch das Kanban-System; schließlich beherrscht eine Sprache die Kommunikation von Business-Analyse genauso wie die Philosophie. Der Übersetzer ist deshalb der Coach.

Es gibt nun ein paar Prüfpunkte und quasi Vorarbeiten bei der Umstellung eines Betriebes auf agiles Projekt-/Prozessmanagement mittels Kanban als Organisationsprinzip. Folgendes ist notwendig:

* Aufgabenfelder (engl. *Services*) identifizieren
* Verstehen, was die Aufgabe eines solchen Services ist
* Auch verstehen, was gegenwärtig an den Services unbefriedigend ist
* Daraus die Bedürfnisse entwickeln
* Danach die derzeitigen Gegebenheiten analysieren und daraus ein Arbeitsmodell entwickeln
* Um den Workflow befriedigend zu entwickeln, Hierarchien und Beziehungen der Aufgabenfelder zueinander darstellen (engl. *Service classes discovering*)
* Auf der Basis der erhaltenen Daten ein erstes Kanban-System aufstellen
* Anschließend wird das System der Belegschaft vorgestellt, das Board-Design gezeigt und es werden erste Schritte vereinbart.
* Wichtig dabei ist es, klarzustellen, dass durch regelmäßige Feedback-Loops Dinge, die (noch) nicht gut laufen, jederzeit verbessert werden können. **Es gibt deshalb keinen Grund, sich aus einem holprig laufenden System in die innere Emigration zurückzuziehen, sondern das ist umso mehr ein Grund, sein Verbesserungspotential auszuspielen und den Betrieb zu verbessern.** Das aber ist ein praktischer, kein theoretischer Vorgang.

Denn:

No useful improvement was ever invented at a desk.
(Taiichi Ohno)

Es gibt nun noch einen kleinen Test, der von allen Unternehmensebenen zu beachten ist. Man nennt ihn den Kanban-Litmus-Test. Er wurde entwickelt, um Firmen/Organisationen zu unterstützen, ihren Kanban-Prozess zu verbessern.

Letztlich handelt es sich um folgende Fragen, die gestellt werden:

1. Hat sich das Verhalten der Geschäftsleitung verändert, um überhaupt die Einführung von Kanban zu ermöglichen?
2. Hat sich die Sicht der Kunden verändert passend zu Kanban?
3. Wie verhält es sich mit den formalen Verträgen?
4. Hat sich das Geschäftsmodell dem Kanban-Prozess angepasst?

Besonders Frage 1 ist im Krankenhaus essentiell. Jedoch muss auch Bewusstsein bei den Kunden geweckt werden. Dies ist die Begründung dafür:

> There is only one boss. The customer. And he can fire everybody in the company
> (Sam Walton)

Den Erfolg eines Kanban-Systems kann man prüfen. Das gilt auch für ein Krankenhaus, für das es hier gezeigt wird:
Gerade in einem menschenbasierten Betrieb wie einem Krankenhaus ist das zwingend zu beachten.
Ad 1: Ist das Pull-Prinzip zusammen mit dem WIP-Limit die Richtschnur auch im Management? Sind die Kanban-Regeln für alle verbindlich? Im Kanban-geführten Krankenhaus geht es damit auch um die Queuing-Disziplin; wie oben beschrieben, ist eine Vermeidung von Überlastung – außer im medizinischen Notfall – zu vermeiden.

> People are always doing their best, the problems are with the system. Only management can change the system.
> (W.Edwards Deming).

Ad 2: Wenn man den Kunden in den Veränderungsprozess einbezieht, wird man erfolgreich(er) sein. Kunden im Krankenhaus sind vor allem die Patienten, aber auch das eigene Personal, die Krankenkassen, das Regierungspräsidium, der Shareholder etc.
Ad 3: Wie im krankenhausspezifischen Kapitel dargestellt, wird die Transparenz, die ein funktionierende Kanban-System hervorruft, Einfluss auf die „Kunden" nehmen, weniger auf die Patienten, die sich eher freuen, wenn alles wie am Schnürchen läuft, sondern auf die „anderen Kunden". Das wird früher oder später Einfluss auch auf Verträge nehmen – Arbeitsverträge, Budgetverträge etc.

Ad 4: Keiner der Kunden bzw. Stakeholder kann sich in einem funktionierenden Kanban-System mehr verstecken mit seinen individuellen (egoistischen?) Sichtweisen und Bedürfnissen. Weder Shareholder, noch Chefärzte, noch CEOs, noch Krankenkassen, noch die öffentliche Hand – und auch nicht die Patienten, die nicht an ihrer Gesundwerdung mitarbeiten, sondern ein „Rundum-Sorglos-Paket" einfordern in der irrigen Annahme, dass Gesundwerden nur fremdverursacht sei anstatt zur Hälfte auch erfordert, die Ressourcen des eigenen Körpers zu nutzen, und sei es nur die konsequente „gesunde" Ernährung, sei es die Anweisungen für die Nachbehandlung einzuhalten, sei es Krankengymnastik konsequent durchzuführen, sei es, auf das Rauchen zu verzichten etc.

Auch wenn Kanban bedeutet, mit dem zu beginnen, was und wie man es vorfindet, ist es hilfreich, zwei Hilfspositionen bzw. Rollen zu etablieren, die den Einführungsprozess erleichtern. Das sind jedoch keine Hierarchieebenen, sondern eigentlich „nur" Servicekräfte, die helfen, Hindernisse zu überwinden. Das sind:

- **Service Request Manager:** Er ist verantwortlich für die Umsetzung und Verständlichmachung der Kundenbedürfnisse und -erwartungen. Er erleichtert bei den Meetings die Ressourcenplanung und Beschaffung von Materialien einschließlich neuer Mitarbeiter.
- **Service Delivery Manager:** Er ist für einen möglichst reibungslosen Workflow zuständig; im Krankenhaus bedeutet dies vor allem eine zügige Diagnostik und Behandlung von Patienten, sodass Verweildauern ohne Einbuße der Qualität des Behandlungsprozesses begrenzt werden können. „Blutige Entlassung" anzustreben ist nicht seine Aufgabe.

Ferner ist es hilfreich, sich an Erfahrungen anderer zu orientieren. Bei Kanban hat sich bewährt, verschiedene Arbeits- und Organisationslevel zu nutzen:

- **Personal Kanban** (hilfsweise auch für eine kleine (!) Gruppe weniger Leute nutzbar, wenn sie wirklich gemeinsam denken und handeln)
- **Team-Kanban** (im Krankenhaus z. B. eine Station, eine Abteilung)
- **Service Delivery Kanban:** Ein Patient wird durch das System geführt, egal welche „Serviceeinheiten" er für seine Gesundwerdung braucht.
- **Portfolio-Kanban:** Für die „Verwaltung" zur Steuerung des Gesamtbetriebs.

Zusätzlich ist es hilfreich, an einem Übersichtsboard die Punkte zu identifizieren, die durch Verzögerungen Einfluss auf das Gesamtsystem nehmen. Hier sind dann Verbesserungen durchzuführen, sei es durch Personalaufstockung, Bettenaufstockung, Materialverbesserung, Organisationsverbesserung etc.

Jedoch vergesse man nie diese simple Tatsache:

Clarity on how to think, without clarity on how to act, leaves people unmoved.
(Daniel Pink).

Wenn man also Kanban einführt, muss man das hier im Buch Vorgenannte allen Mitarbeitern zeigen und erklären. Es erfordert außerdem, dass auch das Management die Sache verstanden hat und hinter ihr steht, sonst kann es geschehen, dass: *„most strategy dialogues end up with executives talking at cross-purposes, because … nobody knows exactly what is meant …"* *(Geoffrey Moore)*. Das gilt es jedoch zu verhindern.

Deshalb:

▶   *Tun Sie etwas Ungewöhnliches: Reden Sie MIT-einander!*

Vor Risiken und Nebenwirkungen seien Sie aber gewarnt: Es könnte sein, dass durch die gemeinsame Kommunikation tatsächlich Lösungen entstehen.

Und ganz im Sinne von Kanban: Stop starting, start finishing. Dann sind auch die Gedanken zu Kanban verständlich (Abb. 2.1)

Weitere Vertiefungsempfehlungen für Interessierte:

Wer sich mehr mit diesem System befassen will, dem sei „Real-World-Kanban" von Skarin (2015) empfohlen, auch wenn sich das Buch nicht mit Krankenhäusern befasst, sondern mit IT. Aber die Prinzipien der Einführung und Umsetzung von Kanban sind ähnlich und verständlich. (Das Buch enthält übrigens auch Nicht-IT-Beispiele)

Ebenfalls nicht für Krankenhäuser geschrieben, aber hilfreiche Dinge enthaltend, ist „The Kanban Kick-start Field Guide" von Sandvik IT, entwickelt von Christophe Achouiantz und Johan Nordin (Achouiantz und Nordin 2013). Beide sind agile Coaches.

In letzter Zeit schiebt sich eine Methode nach vorn, die dem etwas ähnelt, was hier im Buch beschrieben wurde: SAFe (Scaled Agile Framework).

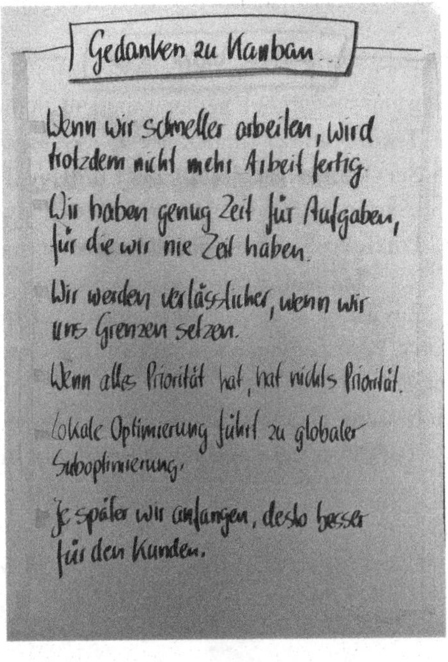

Abb. 2.1 Gedanken
zu Kanban

SAFe dient der Skalierung, d. h. Anwendung agiler Prinzipien für große Projekte und Unternehmen. Krankenhäuser sind jedoch in der Regel „nur" kleine bis mittelgroße Unternehmen.

Es handelt sich dabei im Endeffekt um eine Methode, mit der man den Key Usern einer Belegschaft eine praktische Ausbildung in agilem Management eines größeren Unternehmens (mehr als 5 Teams, die koordiniert werden müssen) zukommen lassen kann. Aus diesem „Samen" kann ein Unternehmen dann die Früchte der Umsetzung für die je eigenen Bedürfnisse ziehen. Nachteilig ist der Preis. Die Kurse kosten relativ viel Geld, können aber mit (regelmäßig zu aktualisierenden) Zertifikaten abgeschlossen werden.

Da ein zu organisierendes Krankenhaus immer mehr als 5 „Teams" hat, scheint diese neue Methode attraktiv. Allerdings – SAFe ist nur an der Basis, z. B. bei der Erstellung des Product Backlogs dem Kanban-System ähnlich, ansonsten arbeitet es vorwiegend nach Scrum-Regeln, vor allem beim harten Timing analog den Sprints bei Scrum. Dadurch ist auch SAFe für ein arbeitendes Krankenhaus derzeit noch wenig nutzbar, es sei denn, ein neuer OP o. Ä. müssten gebaut werden. Erste Gehversuche im medizinischen Umfeld betrafen nach meiner Kenntnis bisher Organisationsverbesserungen wie z. B. Optimierung des Blutspendedienstes und Transplantatservices des NHS.[2] Ein wirklich patientennaher Bereich, der mittels SAFe optimiert wurde, ist mir unbekannt. Ob das je kommen wird, wird man sehen, denn wie bei allen mit harten Zeitfenstern arbeitenden Organisationsmethoden gibt es auch hier die Diskrepanz zwischen IT-Organisation einerseits und biologischen Prozessen andererseits, die zwar nach pathophysiologischen Regeln ablaufen, aber eben nicht nach den Regeln einer menschenerdachten Organisationsmethode. Allein Kanban erscheint derzeit flexibel genug, diese komplexe, weil menschliche Biologie abbilden zu können.

Die noch im Entwicklungsstadium befindliche Künstliche Intelligenz (KI) könnte das verändern. Man darf darauf aber nicht wie auf einen Heilsbringer warten, denn Algorithmen sind stumpf und unempathisch arbeitende Mathematikoperationen, die gerade in einem „Menschenbetrieb" wie es ein Krankenhaus ist – und bleiben soll! – erheblichen Unsinn anrichten können, wenn sie nicht vorher von Menschen korrekt „modelliert" worden sind. Denn nicht der Computer gibt das Ganze vor, sondern immer der Mensch, der ihn zuvor programmiert hat. Wenn der menschliche Programmierer nicht korrekt arbeitet, dann macht sein algorithmenbasiertes Programm anschließend Fehler. Wer sich in diese Problematik einlesen will, dem sei folgendes Buch über die Arbeitsweise von KI empfohlen: Katharina Zweig: „Ein Algorithmus hat kein Taktgefühl" (Zweig 2019).

Noch ein Satz zu einem „Kinderspiel". Ich meine Lego Serious Play (LSP). Zwar wird mit den gleichen Legosteinen gearbeitet wie im Kinderzimmer, jedoch die Verwendung ist ganz anders, eben „Serious". Attraktiv ist diese Methode zur Bewusstmachung von Denkvorgängen, Entwicklungsmöglichkeiten und teamfähigen Lösungsansätzen sowie funktionaler Kommunikation. LSP unterstützt gerade in komplexen Systemen, wozu ein Krankenhaus zu rechnen ist, die Mit- und Zusammenarbeit der Mitarbeiter, nutzt ihre oft versteckten Ressourcen und macht auch schwierige Dinge/Vorgänge leichter sichtbar. Es

---

[2] https://www.scaledagileframework.com/nhs-case-study/.

gibt nur eine, eher psychologische Hürde – im „ernsten" Krankenhaus scheint spieleri-
sches Lernen eher unangebracht. Aber gerade bei der Entwicklung und Implementierung
eines Kanban-Systems kann LSP helfen, wenn es an der ein oder anderen Stelle nicht
weitergeht – z. B. bei der Entscheidung, wie hoch ein WIP-Limit angesetzt werden kann/
darf. Mit LSP kann man versuchen, verschiedene WIP-Limits „durchzuspielen", so dass
man eine bessere Einsicht für die Realität bekommt. Grabenkämpfe können so vermieden werden.

Durch den „spielerischen" Ansatz von LSP gelingt es selbst den Stillen, Dinge darzustellen, eine Kommunikation zwischen Abteilungen/Bereichen, die sonst eine eigene
Fremdsprache sprechen – Bsp. Ärzte und Betriebswirte – zu ermöglichen. Da ich beide
Sprachen (die medizinische und die betriebswirtschaftliche) „spreche", weiß ich von den
vielen Fragezeichen in den Gesichtern, weiß ich von den vielen Missverständnissen dem
Unverständnis der einen Bereichsmitarbeiter dem anderen Bereich gegenüber. Dabei ist das
unnötig. Empathie und gute Kommunikation lösen nämlich so manches Fragezeichen auf.

Zu schwierig, hat bei Ihnen bisher kaum funktioniert? LSP ist eine intuitive Methode,
hier den Menschen zu helfen, ihre Probleme verständlich darzulegen und damit gemeinsam als cross-funktionales Team Lösungsmöglichkeiten zu erarbeiten. Kanban fällt nicht
vom Himmel, aber mit LSP können Sie ein Treppenhaus dorthin bauen. Die Organisation
Krankenhaus drumherum lässt sich dann nach den Regeln von Kanban Stück für Stück
errichten, denn Teams, die nicht nur so heißen, sondern tatsächlich auch so agieren, sind
in kurzer Zeit hochproduktiv.

Allerdings muss auch LSP, das letztlich eine hochfunktionale und effektive Kommuni-
kationstechnik ist, erlernt werden. Dafür gibt es speziell ausgebildete Trainer und Coaches,
die man beauftragen kann, Mitarbeiter zu schulen – einschließlich der Geschäftsführung.

Wenn Sie reinschnuppern wollen – hier können Sie es tun: „Serious work" von Sean
Blair und Marko Rillo (2019). Wie das dann im Krankenhaus aussehen kann, zeigen
Abb. 2.2 und 2.3.

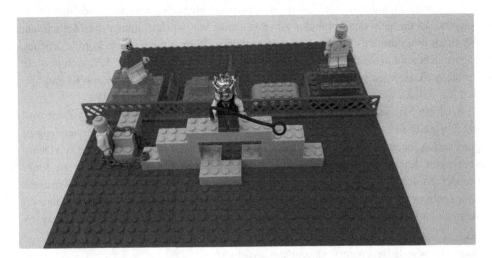

Abb. 2.2 LSP: Übliches Krankenhaus

Abb. 2.3 LSP: Kanban-Krankenhaus

Und noch eine Anmerkung – Roche und Pfizer, in der Medizin nicht unbekannte Pharmakonzerne, nutzen die LSP-Methode, aber auch die Weltbank, die Universitäten Harvard und Cambridge und einige mehr ...

Die bei der Einführung von Kanban als Prozessmanagementmethode zu überwindenden Schwierigkeiten können Sie mit LSP vermutlich einfacher lösen.

Wer nun meint, das alles sei ja doch irgendwie nicht passend, lese bitte die Meinung von W. Edwards Deming dazu:

> *A common disease that effects management the world over is the impression that „Our problems are different". They are different to be sure, but the principles that will help to improve quality of product and service are universal in nature.*
> *(W. Edwards Deming)*

In den nachfolgenden Kapiteln wird versucht, dieses außermedizinisch erdachte Organisationstool „Kanban" für Krankenhäuser umzusetzen. Auf den ersten Blick mag es befremdlich klingen, Produktions- und Organisationsmethoden aus nicht-biologischen Prozessen auf eine „biologische" Organisation wie ein Krankenhaus umzusetzen. Es funktioniert aber. Ich erinnere nur an die Einführung der DIN:ISO 9001, die für Krankenhausmenschen anfangs kaum verdaubar war. Je tiefer man sich aber in diese DIN-Norm eingearbeitet hatte, desto mehr Parallelitäten ließen sich entdecken und gewinnbringend umsetzen. Dennoch haben alle in der Medizin Tätigen es sehr begrüßt, als die DIN 9001 sprachlich übersetzt wurde für den „Dienstleistungssektor" Krankenhaus – mittels der DIN EN 15224. Sie ist im Prinzip nichts anderes als das Original, aber sprachlich leichter und intuitiver für einen Dienstleister wie ein Krankenhaus und seine Patientenorientierung zu verstehen.

So habe ich in diesem Sinne in den nachfolgenden Abschnitten des Buches versucht, die reine Kanban-Sprache und Methode auf das Krankenhaus zu übertragen und zu übersetzen, damit Kanban dort besser verständlich wird.

Man kann immer von anderen lernen. In diesem Sinne – viel Erfolg!

Literatur

Achouiantz, C., & Nordin, J. (2013). The Kanban Kick-start Field Guide. Create the Capability to Evolve. Sandvik IT. Version 1.1 (20131125).

Blair, S., & Rillo, M. (2019). *Serious work*. München: Beck.

Skarin, M. (2015). *Real-World Kanban: Do less, accomplish more with lean thinking*. Farnham: O'Reilly UK Ltd. www.oreilly.com.

Zweig, K. (2019). *Ein Algorithmus hat kein Taktgefühl*. München: Heyne.

Kanban – Anwendung im Krankenhaus

3.1 Warum Kanban?

Bekanntermaßen gibt es mehrere Verfahren aus dem Umfeld des sogenannten Agilen Projektmanagements, einen Betrieb zu organisieren. Neben der Wasserfalltechnik (alles von oben nach unten) ist vor allem Scrum zu nennen. Bei Kanban handelt es sich also nur um eine der agilen Techniken. Warum hat sie also im Krankenhaus Vorteile, die die anderen Methoden nicht bieten?

Um es gleich vorweg zu sagen – Wasserfalltechnik und Scrum haben ihre Berechtigung und sind deshalb auch weit verbreitet. Dass die Wasserfallmethode allerdings für ein Krankenhaus nicht infrage kommen kann, ist unmittelbar einsichtig. Ein Wasserfall fließt kontinuierlich von oben nach unten. Ein Krankenhaus hat aber nicht nur planbare Patienten und Operationen, sondern gerade auch Notfälle und ein unterschiedlich starkes Patientenaufkommen. Jede Grippewelle würde ein nach dem Wasserfallprinzip organisiertes Krankenhaus binnen Stunden ins Chaos stürzen und handlungsunfähig machen.

Aber Scrum?

Scrum ist ein sehr beliebtes agiles Vorgehen (zu Scrum allgemein siehe Kasten 3 und Abb. 3.1). Es stammt ursprünglich aus der IT und wird heute in vielen Branchen zur Entwicklung komplexer Produkte eingesetzt. Dabei hat es einige Annahmen, die im Krankenhaus so nicht gegeben sind.

Bei Scrum wird in einem zeitlichen Rhythmus gearbeitet, den sog. Sprints (Iterationen). Eine der Scrum-Voraussetzungen ist, dass diese Iterationen eine gleiche zeitliche Länge haben müssen. Jede Iteration wird für sich wie ein kleines Projekt geplant. Alle anstehenden Arbeiten werden so klein „geschnitten", dass mehrere davon durch das Umsetzungsteam im Rahmen einer Iteration umgesetzt werden können. Aber war wäre der Sprint in einem Krankenhaus? Eine banale Appendektomie ist schließlich zeitlich wesentlich kürzer als eine komplizierte Rektumexstirpation bei Tumor.

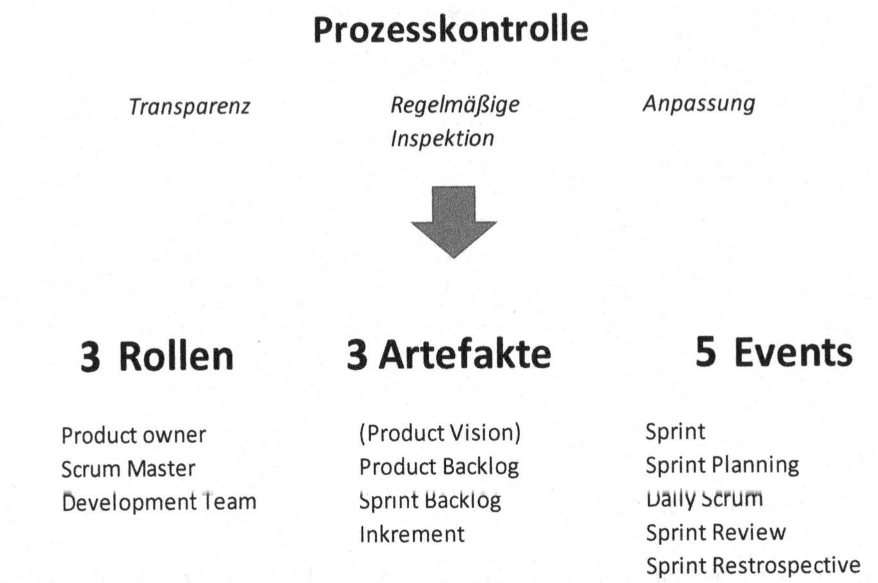

Prozesskontrolle

Transparenz   *Regelmäßige*   *Anpassung*
                         Inspektion

3 Rollen   ## 3 Artefakte   ## 5 Events

Product owner   (Product Vision)   Sprint
Scrum Master   Product Backlog   Sprint Planning
Development Team   Sprint Backlog   Daily Scrum
                         Inkrement   Sprint Review
                                                     Sprint Restrospective

Abb. 3.1 *Scrum-Systematik*

Ferner wird bei Scrum eine möglichst gleichbleibende Teamgeschwindigkeit zur Planung angenommen. Daher sollten die Teams in ihrer Zusammensetzung möglichst gleich bleiben, um Erfahrungswerte für die jeweilige Teamgeschwindigkeit zu erhalten. Jedoch gibt es schnelle Operateure, schnelle Diagnostiker und langsame; auch sind die Verhältnisse der zu behandelnden Patienten zwar ähnlich, aber immer individuell, damit also nur sehr begrenzt vergleichbar und planbar. Die Teams sind aufgrund der Dienstplanung auch immer wieder anders zusammengesetzt.

Ein Vorteil von Scrum findet sich durchaus darin, dass sogenannte cross-funktionale Teams vorgeschrieben sind. Gerade bei komplexen diagnostischen wie therapeutischen Krankheitsfällen ist diese Mischung von großem Vorteil. Jedoch kann man diesen Vorteil auch im Kanban-System abbilden, wie im Abschn. 4.6 über Komplexdiagnostik gezeigt wird.

Scrum arbeitet also in sog. Sprints. Damit ist nun keine Hetze, kein Sprinten gemeint, sondern ein bestimmter gleichmäßiger Rhythmus. Die anstehende Arbeit kann solange frei geplant, in Reihenfolge und Inhalten geändert werden, bis der Sprintzeitraum begonnen hat. Danach jedoch geht das formal nicht mehr, ohne den Scrum-Ablauf zu gefährden. Ein Krankenhaus „lebt" jedoch geradezu von plötzlichen Veränderungen, die alles über den Haufen werfen – es sind Notfälle aller Art. Ungeplante Arbeiten und Notfälle (sprich „Produktionsausfälle") sind auch in der IT ein Thema in Verbindung mit Scrum, weil so nicht direkt vorgesehen. Auch hier muss jeweils überlegt werden, wie damit umgegangen werden soll.

In Scrum gibt es drei fest vorgeschriebene Rollen: Product Owner, Scrum Master und Umsetzungsteam(mitglieder). Es geht um die Entwicklung komplexer Produkte, daher ist für das Produkt der Product Owner verantwortlich. Er gibt vor, was inhaltlich gemacht wird. Der Scrum Master hingegen verantwortet den richtigen Einsatz der Methode und die Zusammenarbeit im gesamten Scrum Team. Das Umsetzungsteam entwickelt das Produkt nach der inhaltlichen Vorgabe des Product Owners. Es ist aber selbstorganisierend, was das „wie" der Umsetzung betrifft. Diese Rollen in der Organisation eines Krankenhauses wiederzufinden, erfordert (zu) viel Phantasie, um wirklich gelebt werden zu können, denn das „Produkt", das ein Krankenhaus herstellt, ist nie klar definierbar („Gesundheit" aus Krankheit ist zu undefiniert) verglichen mit einer IT-Aufgabe – Dabei sollten die Mitglieder des Umsetzungsteams ausschließlich an einem Produkt arbeiten können und nicht parallel mehreren Teams zugeordnet sein.

Letztlich ist Scrum also für die agilen Prozesse in einem Krankenhaus eher ungeeignet. Es gibt jedoch Ausnahmen bei Projekten außerhalb des normalen täglichen Krankenhausbetriebs: Wenn beispielsweise ein neuer OP geplant und gebaut werden soll, kann man die dazu notwendigen Mitarbeiter (cross-funktionale Teams!) gut mittels Scrum organisieren, um ein funktionelles und kostengünstiges Ergebnis zu erreichen. Die Planung eines OP-Neubaus u. Ä. ist jedoch nicht Thema des Buches.

Kasten 3

Scrum – eine kurze Darstellung

Scrum ist ein Arbeitsrahmen, der ein sinnvolles Vorgehen aufzeigt. Es basiert auf den sogenannten Werten der agilen Methoden, auf denen auch Kanban beruht. Wenn man komplexe, nicht unmittelbar überschaubare Projekte angehen will, kann man sich mittels Scrum eine Hilfe verschaffen, die dazu führt, den Überblick zu behalten; das gelingt u. a. durch sog. Sprints in strengem Zeitrahmen, regelmäßiges Feedback (wozu auch das sog. Daily Scrum beiträgt) und dem daraus erwachsenden Lernprozess im Projekt. Es gibt drei Prinzipien und drei Rollen, drei sog. Artefakte (dazu gehört u. a. das Product Backlog) und fünf sog. Events (z. B. Meetings).

Wie man unschwer erkennen kann, ähneln sich Scrum und Kanban etwas; sie gehören zur gleichen Grundidee agilen Managements, unterscheiden sich aber letztlich in der Ausführung. Scrum ist deutlich formaler, Kanban deutlich flexibler.

Das vorgelegte Buch hat die Aufgabe – deshalb auch der Titel –, ein Krankenhaus optimiert zu organisieren, das bereits besteht. Dabei handelt es sich um eine *Prozess*managementaufgabe, nicht jedoch um eine agile Projektmanagementaufgabe. Genau dafür ist Kanban ein optimiertes Tool, denn es verbessert Prozesse auf allen Ebenen ohne gleichzeitig die vorhandene Krankenhausstruktur mit Ambulanz, OP, Stationen, Medizintechnik, Einkauf, Verwaltung etc. umzukrempeln. Kanban ist damit evolutionär, nicht revolutionär.

Bevor man diese Dinge (Umsetzung im Krankenhaus) in den Einzelheiten darstellen kann, muss man jedoch Kanban zunächst etwas vorstellen. Es geht hier nicht um ein Kurzlehrbuch zu Kanban, sondern darum, zu zeigen, dass (und wie) Kanban für ein Krankenhaus ein nutzbares Tool sein kann und welche Vorteile es bietet.

Nachfolgend ist also die Kanban-Systematik auf die Anwendung im Krankenhaus heruntergebrochen. Die eigentliche Kanban-Systematik ist ganz allgemein in Kap. 2 beschrieben. Wer also tiefer eindringen will als das für die Anwendung im Krankenhaus notwendig ist, kann sich dort informieren.

Ursprünglich kommt Kanban aus dem Japanischen. Es wurde zur Verbesserung einer Produktfertigung entwickelt. Kan heißt dabei „Signal", Ban „Karte". Kanban ist also die Signalkarte. Mit dieser Übersetzung sind bereits die beiden wichtigsten Punkte angesprochen, nämlich das Pull-Prinzip und die Optimierung der Teamarbeit.

Um das ganz kurz auf das Krankenhaus, auf die Medizin zu übertragen: Pull-Prinzip ist typisch medizinisch gedacht: *„Der Nächste bitte"* ist der Aufruf des nächsten Patients. Teamarbeit ist in der Medizin sowieso selbstverständlich. Allein kann keine Schwester, kann kein Arzt einen Patienten suffizient behandeln. Man braucht eben ein ganzes Team, das aber optimal zusammenarbeiten muss.

Genau an diesen beiden Punkten hakt es jedoch im Krankenhaus. Einerseits werden aus Kostengründen immer mehr Patienten aufgenommen als eigentlich verkraftbar ist (aus welchen Gründen zunächst auch immer), andererseits gibt es Hierarchien und Abgrenzungen zwischen Abteilungen aller Art einschließlich der Verwaltung, die eine optimierte abteilungsübergreifende Arbeit behindern.

Wenn allein diese Punkte durch das Kanban-System verbessert werden können, steigt die Effizienz ohne Mehrarbeit, steigt die Fehlerarmut der Arbeit, steigt der Gewinn. Und es gibt noch weitere Vorteile, wie im Folgenden dargestellt werden wird. Aber schon allein diese drei Punkte zwingen förmlich dazu, dass ein Krankenhaus mittels Kanban prozessoptimiert wird. (vergl. hierzu auch die Hinweise zur Kommunikation bzw. LSP in Kap. 2)

Der entscheidende Schlüssel zum Erfolg ist dabei das WIP-Limit. WIP heißt: Work-in-Progress.

Wenn das WIP-Limit weitgehend beachtet wird, stellen sich die Erfolge in kurzer Zeit ein. Aber das erfordert ein Umdenken ALLER. Diese Limitierung passt auch zur Theory of Constraints; es geht also um Beschränkungen.

Nun ist es so, dass gerade private Krankenhäuser vor allem auf Gewinn programmiert sind. Lean Management ist also angesagt. Es wird gespart an – Unnützem, aber leider auch an Notwendigem. Beschränkungen muss man also definieren und begründen. Ist also Kanban als alleiniger Focus auf „Beschränkung" unnütz, denn es geht ja derzeit auch ohne dieses System?

Kanban ist eine Idee von Toyota, einer Firma, der man Verschwendung nicht nachsagen kann. Es geht dort nämlich um Lean Production, besser noch um Lean Development. Lean Development ist das Stichwort für die Medizin, für Krankenhäuser.

Woher soll also der Gewinn kommen?

Es gibt zwei Grundansätze:

1. Vermeidung von Verschwendung an Material, Zeit, Personal etc.
2. Minderung der Fehlerrate bzw. des Behandlungsrisikos, denn: jeder Fehler muss zulasten des Behandlers, also des Krankenhauses beseitigt werden (von Schadenersatz-

kosten einmal ganz abgesehen), was Geld kostet, also den Gewinn mindert. Risikominderung durch Risikomanagement ist deshalb essentiell. Kanban trägt zur Risikominderung bei, bezahlt sich also (mindestens teilweise) von selbst. Außerdem ist Risikomanagement einfacher umzusetzen – und erfolgreicher –, wenn ausreichend Zeit zur Verfügung steht, Prozesse und ihre Ergebnisse zu kontrollieren. Hier gilt in der Medizin zweifelsfrei Lenins Satz: „Vertrauen ist gut, Kontrolle ist besser".

Kanban-Organisation nach dem Pull-Prinzip liefert zusammen mit dem WIP-Limit die Voraussetzung für gute Ergebnisse. An verschiedenen Stellen im Buch wird zu diesem Punkt Stellung bezogen. Auch unter Berücksichtigung dieser Tatsachen muss man deshalb hinter den medizinischen Sinn der Aussagen der bereits zitierten Bertelsmann-Studie (Bertelsmann Stiftung 2019) Fragezeichen setzen.
Wem das nun doch zu kurz war, lese doch vor dem Weiterlesen das Kap. 2.

3.2 WIP-Limit – Wieviel geht?

Wie bereits gesagt, ist die Erstellung und Einhaltung eines WIP-Limits die Basis für alle Kanban-Aktivitäten.
WIP als Work-in-Progress meint im Krankenhaus die gesamte Behandlung eines Patienten. Erst wenn er entlassen ist, ist er im Sinne von Kanban „fertig", erst dann kann die Rechnung gestellt werden und die entstandenen Kosten durch die Bezahlung der Rechnung werden gedeckt. Viele offene Fälle bedeuten deshalb rein finanztechnisch betrachtet: hohe Kosten, ausstehende Kostendeckung, damit fehlender Gewinn. Das war und ist ein Problem in Krankenhäusern, das zum Defizit führen kann. Deshalb ist die Zahl der offenen Fälle möglichst gering zu halten. Das sind bereits – sinnvolle – Constraints aus dem WIP-Limit.
Konkret bedeutet dies: nur so viele Patienten können aufgenommen werden, wie behandelt werden können. Also ist diese Zahl abhängig von vielen Faktoren, allen voran Bettenkapazität, Personalkapazität, Materialkapazität, Geräte-/OP-Kapazität etc.
Es nützt deshalb nichts, mehr Patienten als möglich aufzunehmen. Ein nicht seltener Fehler, dem Ärzte und Verwaltungen gleichermaßen unterliegen. Mehr Patienten heißt nämlich am Ende der Auslastung vor allem mehr Kosten und verzögerte Rechnungsstellung/Bezahlung; der Kontokorrentkredit muss diese Differenz decken – umsonst ist er jedoch von der Bank nicht zu bekommen.
Nun sind das alles keine Weltneuheiten. Im Gegenteil – gesunder Menschenverstand zeigt die Korrektheit dieser Darstellung. Nur – warum verstoßen dann viele Krankenhäuser gegen diese simple WIP-Regel? Es ist eigentlich nicht nachvollziehbar. Deshalb steht dieses Kapitel hier.
Es gibt eine einzige Ausnahme von der WIP-Regel im Krankenhaus, die hingenommen werden muss, wofür aber letztlich Vorsorge getroffen werden muss und kann: Notfälle. Sie halten sich an keine Regel, sind komplizierter als Regelpatienten zu behandeln, dulden

keinen Aufschub, binden viel Personal, erzeugen hohe Kosten etc. Weiter unten wird dargestellt, wie man in einem Kanban-System mit diesen „queren" Patienten in einer sonst regelhaft organisierten Klinik umgehen kann.

Ich habe geschrieben „Krankenhäuser" verstoßen gegen die WIP-Regel. Das ist so kursorisch weder richtig noch falsch. Es sind die Akteure im Krankenhaus, die gegen die Regeln verstoßen. Allerdings sind es meist Einzelpersonen, die glauben: „Einer geht noch".

> **Solange unter Klinikleitungen und Chefärzten Ansichten wie „Ein guter Chirurg zu sein ist nicht mit Familie vereinbar" verbreitet sind, …. solange wird sich keine interne Lösung im System finden lassen.**
> (Ivanovas 2019)

Die Folge sind Überstunden, also Mehrkosten, auf Dauer unzufriedenes Personal und in der Folge höhere Fluktuation etc. (Nun ist aber bekannt, dass die Einarbeitung neuen Personals Geld kostet und Zeit braucht; erst eingearbeitetes Personal arbeitet letztlich kosteneffizient. Warum arbeitet dann so mancher Verwaltungs- oder Personalleiter oder Chefarzt daran, die Mitarbeiter nicht pfleglich zu behandeln? Betriebswirtschaftlich ist das unsinnig – von der Mitmenschlichkeit ganz zu schweigen.)

Diese „überbuchenden" Einzelpersonen finden sich meist bei den leitenden Ärzten, aber auch in der Verwaltung, die eine 100 %-Auslastung aller Betten bei gleichzeitiger Vollbeschäftigung aller Mitarbeiter auf allen Ebenen erwartet; Pausen sind unerwünscht. Dass diese Maximalbelastung Menschen aber auf Dauer krank macht, ist bekannt (Richter-Kuhlmann 2019). Was aber geschieht, wenn Personal krank wird, ist evident – die Kapazität, Patienten zu behandeln sinkt, mithin der Gewinn des Krankenhauses. Und durch Mehrarbeitsbelastung steigt wieder die Fehlerhaftigkeit, s. o. Vollauslastung als hundert Prozent zu verstehen, ist also nicht nachhaltig. Schon die Römer wussten: Was immer du tust, mache es richtig und bedenke das Ende (*quidquid agas, prudenter agis, rescipe finem*). Für ein erfolgreiches Krankenhausmanagement ist es deshalb unabdingbar, den Outcome zu bedenken, nicht irgendein Zwischenziel (wie z. B. 100 % Auslastung) zur Maxime zu erheben.

Außerdem – wer ständig und pausenlos mit hoher Schlagzahl arbeitet, gefährdet nicht nur seine Gesundheit, sondern auch die der anvertrauten Patienten. Dass Überlastung die Fehlerquote erhöht, ist ebenfalls bekannt (Merkle 2014)

Die logische Schlussfolgerung ist, die Arbeit zu begrenzen, also ein entsprechendes WIP-Limit festzulegen. Es gibt nämlich die erfahrungsgemäß durchschnittlich erledigbare Arbeitsmenge an.

Beispiel: Angenommen, eine Standard-Leistenhernien-OP dauert inklusive Rüstzeiten eine Stunde. Dann liegt das WIP-Limit für eine solche OP innerhalb einer 8-Stunden-Schicht bei WIP=8, also acht solcher OPs. Das aber ist ein theoretischer Wert, denn jede Hernie ist anders, jeder Operateur hat seine eigene OP-Geschwindigkeit, jeder Patient bringt ggf.

medizinische Besonderheiten mit, die den Routineeingriff beeinflussen. Also ist ein WIP-Limit das Maximum des theoretisch Leistbaren, das oft genug aus den genannten Gründen nicht eingehalten werden kann. Deshalb sollte grundsätzlich beachtet werden, dass in praxi der Theoriewert nach unten korrigiert werden muss. Einen Hinweis auf einen relativ sinnvollen WIP-Wert kann man finden, wenn man das letzte Vierteljahr Patienten durchgeht und sieht, wie der entsprechende Durchschnitt lautete.

Wenn mehr erfolgen soll, geht das zu Lasten der Mitarbeiter, der Patienten – und des Gewinns aufgrund höherer Kosten. Gemeint sind sogenannte sprungfixe Kosten, wenn, was arbeitsrechtlich korrekt ist, nämlich die Bezahlung von Überstunden bzw. Überstundenausgleich ansteht (Kosten entstehen dabei dadurch, dass Zeitausgleich nehmendes Personal nicht für „gewinnbringende" Arbeit zur Verfügung steht; bekannt ist auch, dass Menschen, die Mehrarbeit leisten, dem Risiko von vermehrten Fehlern bei zunehmender Arbeitszeit unterliegen; Fehler sind jedoch teuer.)

Nun mag jeder Verwaltungsleiter/Geschäftsführer einwenden, dass das nicht stimme. Ja, das ist nicht falsch, liegt aber daran, dass derzeit diese Mehrkosten durch die Gutmütigkeit des Personals weitgehend abgefangen werden, indem geleistete Überstunden gerade von Ärzten nicht erstattet werden. Es gibt Zahlen, die belegen, dass die Ärzteschaft insgesamt das Gesundheitssystem durch Verzicht auf Mehrarbeitsbezahlung jährlich mit mehreren Milliarden Euro subventioniert. Ist das jedoch korrekt?

Derzeit wird das, wie gesagt, hingenommen. Es ist jedoch bei Ärzten absehbar, dass der Nachwuchs die aus Altersgründen ausscheidenden Kolleginnen und Kollegen nicht ausreichend wird ersetzen können. Es ist hier nicht der Ort, das näher zu diskutieren, es sei aber beispielhaft auf die Pressemitteilung des Marburger Bundes vom 15.07.2019 zum Personalmangel hingewiesen (vgl. Marburger Bund 2019). Allein In Niedersachsen fehlen über 700 Krankenhausärzte, auch Pflegekräfte und sog. Nicht-ärztliche Mitarbeiter/innen fehlen laut MB; beim Pflegekräftemangel ist das Problem der Politik bereits bewusst geworden, die nun versucht, gesetzlich gegenzusteuern (Osterloh 2019, S. 454 f.).

Es gibt immer wieder innovative Ansätze, dieses Pflegedilemma zu lösen, zumindest teilweise. An der Uniklinik in Genf arbeitet man z. B. mit sog. Lean-Bettenstationen, wodurch eine Umplanung der Arbeitssituation in der Pflege eine Verbesserung der Patientenkontaktzeit um 30 % ergibt. Die unregelmäßigen Arbeitsbelastungen über den Tag hinweg lösten Stresssituationen bei den Mitarbeitern aus, zumal der administrative Aufwand auch hier in den (eigentlichen) Feierabendstunden erledigt werden muss. Das Fehlerrisiko ist ein ständiger Begleiter dieser Arbeitssituation. Mit den Lean-Taktiken lassen sich dann jedoch Verbesserungen in jeder Hinsicht erzielen (vgl. Walker et al. 2019).

Ein Krankenhaus ist also sehr gut beraten, wenn es mit seinem Personal – egal welcher Berufsgruppe – pfleglich umgeht. Das WIP-Limit ist der Schlüssel dazu. Allerdings muss es beachtet und gelebt werden.

Derzeit ist es so, dass gerade im OP bekannt ist, wie viele Eingriffe an einem Tag in einem Saal möglich sind; jeder OP-Manager muss unter Berücksichtigung der Kapazitäten das Programm gestalten. Also ist auch das nichts wirklich Neues. Jedoch wird mir fast jeder Recht geben, dass solche OP-Pläne oft schön aussehen, aber sehr oft nicht stimmen, die Säle und ihre Teams also über ihre geplante Kapazität hinaus belastet werden.

Das Problem ist also bekannt, jeder weiß es, aber kaum jemand kümmert sich darum. Warum ist das so? Der Grund ist einerseits psychologisch bedingt: Helfersyndrom der Patientenbetreuer jeder Berufsgruppe; andererseits wird dieses Problem versteckt.

Ein Kanban-Board, das für alle einsehbar ist, beugt dem vor. Eine weitere wichtige Kanban-Regel wird demnach im folgenden Kapitel vorgestellt.:

3.3   Das Kanban-Board – Mache Arbeit sichtbar!

Das Kanban-Board ist eine visuelle Darstellung der Arbeit, die sich im System befindet (also welche Patientenbehandlung ansteht). Die Arbeit wird dabei als sogenannte „Tickets" (Zettel) dargestellt. Der Arbeitsprozess wird durch die Spalten auf dem Board abgebildet. Platziert man nun die Tickets in der jeweiligen Spalte, in der sich der Arbeitsauftrag gerade vom Prozess her befindet, zeigt das Kanban-Board in Summe, wie viel Arbeit im System vorhanden ist, und in welchen Prozessschritten sie sich jeweils befindet. Auf den Tickets wird meist auch festgehalten, wer gerade daran arbeitet.

Das Kanban-Board bietet damit die Übersicht:

- Wie viel Arbeit sich im System befindet
- Wie weit sie fortgeschritten ist (in welchem Prozessschritt sie sich befindet)
- Und wer jeweils daran arbeitet.

Das Kanban-Board kann dabei ein physisch vorhandenes Board an einer Wand sein oder sich in einem elektronischen Tool befinden.

Wenn jeder durch einen Blick auf das Kanban-Board sehen kann, welche Arbeit gerade geleistet wird mit welchem Personal, was noch ansteht, und dann ausrechnen kann, ob das möglich ist oder nicht, dann wird die Arbeit sichtbar. Auch wenn beispielsweise ein Arzt viel Zeit durch Erledigung überbordender Bürokratie verbringt, ist das derzeit kaum sichtbar. Diskutiert wird es, belastbare Zahlen gibt es dazu kaum. Wenn aber auf einem Kanban-Board eingetragen wird, dass er gerade „Bürokratie" erledigt, kann er nicht im OP eingesetzt werden. Wenn er jedoch wegen eines Notfalls dorthin muss, bleibt die Bürokratie als „unerledigt" bzw. „in Arbeit" auf dem Board sichtbar stehen, wird also nicht vergessen, wie das derzeit häufig der Fall ist, und muss am nächsten Tag erledigt werden. Die Folge dieser Verschiebung ist dann der mindernde Einfluss auf das WIP-Limit im OP des nächsten Tages – der Arzt kann sich schließlich nicht zweiteilen. Die Folge ist eine Minderung des Umsatzes/Gewinns. Oder die nachvollziehbare, weil evidente Konsequenz wäre, mehr Personal einzustellen, um die WIP-Limits trotz Notfällen, Bürokratie etc. halten zu können. Wie das Krankenhaus auf die Zahlenevidenz reagiert, ist den Verantwortlichen weitgehend freigestellt. Aber ohne Kostenerhöhung bzw. Gewinnminderung jedenfalls geht es in einem solchen Fall nicht. Zu erwarten, dass die zeitverschiebbare

Bürokratie in den freien Abendstunden – kostenlos – erledigt wird, ist sowohl unseriös als auch in Zukunft nicht mehr einforderbar.

Wenn nun die Verwaltung nicht reagieren will und fortfährt wie das gegenwärtig oft der Fall ist, dann erlaubt das klare Zahlenwerk des Kanban-Boards die ggf. arbeitsrechtliche Auseinandersetzung anhand der Regelungen des Arbeitszeitgesetzes und von Tarifverträgen; das Zahlenwerk erlaubt aber auch der Krankenhausverwaltung die Begründung in den Budgetverhandlungen, den Kostenträgern gegenüber mit harten Fakten aufzuwarten, die nicht wegzudiskutieren sind, wie dies derzeit geschehen kann. Das verbessert die Verhandlungsposition.

Ein Kanban-Board ist also sowohl für das Personal als auch für die Verwaltung ein sehr hilfreiches Tool.

3.4   Wie verbessert ein WIP-Limit die Qualität im Krankenhaus?

Überbelastung arbeitender Menschen erzeugt nachgewiesenermaßen eine höhere Fehlerquote. Im Krankenhaus sind das oft Behandlungsfehler (aller Art). Neben dem menschlichen Leid erzeugen Fehler auch hohe Kosten und gefährden dadurch letztlich auch Arbeitsplätze.

Bei von außen vorgegebener Patientenzahl scheint es keine andere Wahl zu geben, als so schnell wie möglich die kranken Menschen zu behandeln. Das ist zwar prinzipiell richtig, jedoch gibt es zwei Wege bei vorgegebener Kapazität (WIP-Limit):

- das Pull-Prinzip und
- das Push-Prinzip.

Derzeit arbeiten praktisch alle Krankenhäuser nach dem Push-Prinzip, d. h. ein Patient wird untersucht, z. B. Labor und Röntgen werden angeordnet und der Patient wird diesen Abteilungen „vor die Tür gesetzt", also hingeschoben (*push*). Wenn nun der Aufnahmearzt schnell durchkommt, stapeln sich die Patienten z. B. vor der Röntgenabteilung. Diese arbeitet also mit maximaler Schlagzahl und macht dabei auch schon mal Fehler, die zwar meist bemerkt werden, aber zusätzlich Zeit kosten, um sie zu beheben. Es dauert oft Stunden, bis der Patient wieder mit Untersuchungsergebnissen beim anordnenden Arzt zurück ist. Wenn dieser dann in den OP gerufen wurde, weil er ja nicht wissen konnte, wann der Patient wiederkommen wird, beginnt erneut Wartezeit; diesmal stapeln sich die Patienten beim Arzt.

Beim Pull-Prinzip verläuft dies anders: es gibt ein großes Wartezimmer, aus dem sich der Arzt einen Patienten holt, ihn mit Anordnungen dorthin zurückschickt, aber per Board der Radiologie mitteilt, dass dort ein Patient wartet. Die Radiologie holt sich den Patienten, sobald sie einen Untersuchungsplatz frei hat, macht es nach abgeschlossener Untersuchung genauso (zurück in den Wartebereich, Meldung auf dem Board). Der Arzt kann dann sehen, dass viele Patienten mit ihrer Diagnostik fertig sind, so dass er sie weiterhandeln kann nach seinen Möglichkeiten. Die OP wird dann ggf. von einem Kollegen ausgeführt, oder zeitlich verlegt, oder …

Was glauben Sie, geht schneller bzw. besser aus der Sicht des Patienten betrachtet?

Sie müssen mir dies hier glauben, weil dies ein Buch ist, also nicht interaktiv wie z. B. ein Kanban-Seminar. Aber Sie können versuchen, das nachzuvollziehen … zum Beispiel bei dem Spiel, dass ich Ihnen in Kap. 2 vorgestellt habe (Abschn. 2.1), Es geht bei Push wie Pull darum, möglichst viele Schiffe in guter Qualität in vorgegebener Zeit zu falten. Bei der Variante „Push" arbeitet jeder seinen Faltschritt, gibt das Produkt sofort an den Nächsten weiter. Je komplizierter die Faltschritte, desto länger dauern sie. Vor dieser Station häufen sich die Vorprodukte.

Bei dem Modell „Pull" ist die Aufgabe gleich, aber ein Vorprodukt darf erst dann weitergegen werden, wenn die nächste Station angibt, dass sie Kapazität hat.

Am Ende beider Durchgänge mit gleicher Zeitdauer wird ausgewertet. Der Push-Durchgang hat evtl. ein Schiff mehr hergestellt, aber die Qualität ist teilweise mangelhaft weil fehlerbelastet. Beim Pull-Durchgang hingegen sind alle Schiffe am Ende schwimmfähig.

Welches Team hat also besser und letztlich kostengünstiger, gewinnmaximierend gearbeitet? Sie glauben das nicht? Versuchen Sie es – oder lesen Sie es bei Leopold (2016) nach.

Wenn Sie das auf die Patientenbehandlung übertragen, ist es evident, dass die Kapazität praktisch gleich ist, aber die Qualität bzw. richtige Behandlung bei „Pull" besser ist. Es gibt noch einen „angenehmen" Nebeneffekt. Beim Push-Durchgang arbeiten alle hektisch und pausenlos und sind bei Arbeitsende erschöpft. Beim Pull-Durchgang dagegen entstehen durchaus mal Pausen. Die Akteure arbeiten zügig, aber nicht hektisch, arbeiten konzentriert und nicht überanstrengt; dass die Qualität besser ist, ist unmittelbar einsehbar und später auch sichtbar. Außerdem sind die Mitarbeiter nicht ausgepowert und haben sogar noch Zeit und Muße, z. B. die Qualität zu verbessern, was dem Produkt, also der Behandlung, zu Gute kommt.

Weniger ist also mehr!

[Meint: Weniger Hektik, weniger Ressourcenverbrauch ist bessere Qualität]

Betriebswirtschaftlich betrachtet ist das Ergebnis von Pull letztlich besser, da die Fehlerkosten geringer sind, also Geld gespart wird, das Personal weniger angestrengt ist, also weniger krankheitsanfällig ist.

Jede Geschäftsführung ist also gut beraten, Kanban im Krankenhaus einzuführen. Es lohnt sich!

Bevor nun jedoch praktisch gezeigt wird, wie Kanban im Krankenhaus umgesetzt werden kann, müssen noch ein paar weitere Grundbegriffe des Kanban geklärt werden. Weitere Informationen dazu – wenn auch für IT und Produktionsbetriebe, aber insgesamt für jeden mittleren Betrieb (wozu prinzipiell auch Krankenhäuser gehören) konzipiert – finden sich in dem Buch „Agiles Projektmanagement im Berufsalltag" von Kusay-Merkle (2018). Wie Sie sehen, lautet der Titel „Projekt-Management", es ist also umfassender und erklärt das gesamte Umfeld agilen Managements. Der inhaltliche Schwerpunkt liegt aber auf Kanban. Es eignet sich deshalb für Detailwissen und Hintergrundwissen, weil es die großen Felder Projektmanagement, Projektplanung, Projektdurchführung und Steuerung sowie die Gestaltung von Meetings und Workshops plastisch erklärt.

Das hier vorliegende Buch überträgt diese Dinge dann auf die Anwendung im Krankenhaus.

3.5   Product Backlog – Was gibt es zu tun?

Darunter versteht man die Fülle der zu erledigenden Aufgaben. Da im Krankenhaus kein Produkt im eigentlichen Sinne gefertigt wird, ist es besser, einfach nur von „Backlog" zu sprechen.

Im Krankenhaus sind das Backlog auf der operativen Ebene schlicht die Patienten, die zur Tür hereinkommen. Sie alle wollen diagnostiziert und behandelt werden. Dabei gibt es gleich eine Besonderheit im Vergleich zu z. B. einem Produktionsbetrieb. Es gibt geplante Patienten, die einen vorbereiteten Termin wahrnehmen, z. B. zu einer auswärts gestellten OP-Indikation kommen.

Es gibt aber auch die sogenannten Notfälle. Auch sie gibt es in zwei groben Gruppen – wirkliche Notfälle wie z. B. Unfälle oder ein erstickungsdrohender Asthmaanfall oder ein Herzinfarkt und dringliche Fälle, die nicht auf einen Termin warten können, aber nicht wirklich lebensbedrohlich sind.

Das „Backlog" eines Krankenhauses ist also immer dreigeteilt, was sich dann auch im Kanban-Board widerspiegelt, nämlich in drei sogenannten Swim-Lanes (siehe dort Kap. 4).

Wie entsteht nun ein sinnvolles Backlog?

Im Backlog finden sich die Aufgaben, aber auch Ideen, die es in den Boards zu bearbeiten gilt. Das bedeutet, dass es drei Ebenen gibt, wie Aufgaben strukturiert werden:

1. Strategieaufgaben
2. Koordinationsaufgaben
3. Operative Aufgaben

Für sie alle gilt das gleiche Procedere der Arbeit an einem Board. Vergleiche dazu auch den Abschnitt zu sogenannten Flight Leveln (Abschn. 4.12). Je nach Ebene sind die Aufgaben andere. Aber das agile Managementschema bleibt gleich.

Um das Backlog zu füllen, bedient man sich sinnvollerweise aus der Story map, also der Fülle aller Patienten, als Planungshilfe (was kommt noch auf uns zu?), die man vor Beginn der eigentlichen Arbeit (gemeinsam) erstellt hat (siehe Abb. 3.2).[1] Im Krankenhaus

---

[1]*Anmerkung: Das Wort Story map ist dem „reinen" Kanban entnommen und hier sinngemäß gebraucht als Menge der zu erwartenden Arbeit/Patientenzahl, die dann im zu füllenden Board berücksichtigt/sichtbar werden muss.*

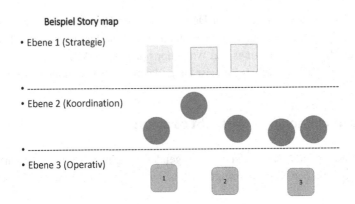

Abb. 3.2 Story map

ist das formal schwieriger umzusetzen, bzw. nicht bei allen Aufgaben. Auf der operativen Ebene sind einfach die zu behandelnden Patienten da. Sie können nur in seltensten Fällen erst mal in der Story map verbleiben. Am ehesten könnte man sich für den Spezialfall Krankenhaus hier einen Patienten denken, der auf eine Transplantation wartet. Er ist auf der Liste, hat aber, solange die Bedingungen nicht erfüllt sind, keine Chance/Notwendigkeit in einen OP-Plan aufgenommen zu werden.

Dagegen ist die Story map ein Pool für das dann konkrete Backlog in der Strategie-bzw. Koordinationsebene.

Aus dieser Aufgaben- bzw. Ideensammlung sind in der operativen Ebene drei Aufgaben ins Backlog eines Kanban-Boards „gerutscht" und werden nun anhand der bekannten Regeln abgearbeitet.

Der eigentliche Hintergrund der Story map ist die Menge der potentiellen Patienten, also die Gesamtbevölkerung. Da das aber letztlich eine „schweigende Masse" ist, ist das für ein Krankenhaus zwar mitzudenken, kann aber nicht wirklich in nutzbare Planungen umgesetzt werden. Story map kann man im Krankenhaus als Abgrenzung zum Backlog also auch anders verstehen – außerhalb des eigentlichen Patientenaufkommens, nämlich im übergreifenden Organisationsbereich einer Klinik (Einzugsgebiet).

Das Board auf Ebene 1 sieht dann i. d. R. aus wie in Abb. 3.3.

Jedenfalls ist es wichtig, nicht „den ganzen Kuchen auf einmal" zu schlucken, sondern ihn in Teile zu zerlegen, die man handhaben kann. Dadurch erhält man früher Ergebnisse, auf deren Basis man weitermachen kann. Und verloren geht ja nichts, wenn man nur einen Teilausschnitt bearbeitet, denn die Story map aus der sich das Backlog speist, hält sie ja weiter vor.

Die unter „fertig" dargestellten Arbeitspunkte werden dann je nach Aufgabenstellung als wirklich fertig behandelt ohne weitere Folgen, können jedoch auch in eine der beiden anderen Ebenen weitergereicht werden und dienen dann dort als „Futter" für das Backlog eines Kanban-Boards in dieser Ebene. Bei Projektaufgaben dient eine Story map auch als Methode gegen das Vergessen; das bedeutet, dass dort alle Ideen gesammelt werden kön-

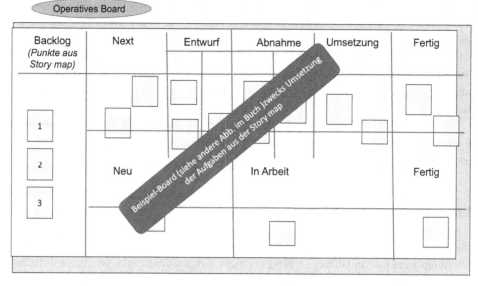

Abb. 3.3 Operatives (praktisches) Board auf der Basis einer Story map

nen, die zum Projekt gehören, auch wenn eine Idee erst viel später zum Tragen kommen kann. (Beispiel: Es ist beim Bau eines Hauses sinnvoll, Gedanken zum späteren Dach zu notieren, auch wenn der Bau natürlich erst mit dem Fundament beginnt. Übertragen auf das Krankenhaus könnte der Gedanke, rechtzeitig eine AHB zu beantragen, schon vor der Planung und Durchführung einer OP auf dem Backlog des (komplexen) Patienten notiert werden. Dazu könnte hier also das Krankenblatt des Patienten dienen. Entscheidend ist, sich die Denkstruktur zu eigen zu machen, nicht an Begriffen kleben zu bleiben.)

Dazu kann man auf einer Ebene (wenn es mehrere Ebenen gibt) die wichtigsten Punkte herausgreifen und ein sogenanntes MVP (*minimal viable product*) erstellen, das dann zum Backlog des Arbeitsboards wird. MVP ist dabei ein Begriff aus dem produzierenden Gewerbe und meint ein Teil-Produkt der gesamten Aufgabe, das fertigzustellen relativ einfach und schnell möglich ist und als Testlauf genommen werden kann. Im Krankenhaus ist das natürlich so nicht möglich. Aber den Sinn, der dahinter steckt, kann man versuchen, umzusetzen: Zum Beispiel wenn es um eine Planungsaufgabe geht, beispielsweise ein neues OP-Verfahren einzuführen, ist MVP der erste erfolgende Eingriff. Wenn es dagegen um die „normale" Patientenbehandlung geht, ist MVP eher die Dringlichkeit aus medizinischer Sicht. Wie auch immer – der MVP-Gedanke ist der, herauszusuchen und dann zu bearbeiten, was in der gegebenen Situation das Beste ist. Man kann danach unmittelbar sehen, dass „fertig" einen Erfolg bietet. Und man kann ggf. entscheiden, ob man weitermacht – ggf. auch wie, indem man erneut in das Backlog schaut.

Essentiell ist deshalb für alle Ebenen bzw. Boards die Notwendigkeit zu priorisieren. Das dient der Machbarkeit der Aufgaben einerseits und dem Schutz der Handelnden (Arbeitnehmerschutz) andererseits. Dabei sind die Ressourcen und das WIP-Limit (siehe dort)

ebenfalls zu berücksichtigen wie der Berg der Aufgaben. Es ist völlig falsch, den Aufgaben-
berg nicht nach Wichtigkeit (bei Patienten eher Dringlichkeit) zu gewichten bzw. organisieren. Sonst entsteht das Szenario des modernen „Peitschenschwingens", das die Menschen
auf Dauer krank macht (vgl. Sußebach 2019). Ein Schnupfen hat nun mal eine andere
Dringlichkeit als ein akuter Herzinfarkt. Er kann – und darf – also mal warten. Das bedeutet
nicht, dass dieser Patient als Mensch weniger wichtig ist – er ist gleich wichtig, aber er bedarf weniger dringlich einer medizinischen Behandlung.

Das Backlog ist letztlich immer eine Spalte, in der die anstehenden Arbeiten gesammelt
werden. In die nächste Spalte (hier „Next") gelangen nur noch die entsprechend hoch
priorisierten Aufgaben. Sie sind entweder wichtig oder dringlich.

3.6   Priorisieren und schätzen

Die Anzahl der Patienten ist eine der Kenngrößen für die Kapazität eines Krankenhauses.
Allerdings kann man mit dieser groben Zahl nicht wirklich etwas anfangen, denn einfache
und komplizierte sowie dringliche und weniger dringliche Fälle finden sich darunter gleichermaßen. Die reine Patientenzahl ist also letztlich nicht aussagekräftig.

Es gibt bekanntermaßen Fälle, die wenig Ressourcen und Aufwand benötigen und
komplizierte Fälle, die viel Einsatz an Zeit, Ressourcen, Personal, Material etc. kosten –
und natürlich alles dazwischen. Es gibt Fälle mit hoher und solche mit geringer medizinischer Dringlichkeit.

Deshalb ist es unabdingbar, bei der Sichtung der „Story map" (= Anzahl der kranken
Menschen, die das Krankenhaus aufsuchen könnten = potentielles Patientenaufkommen)
und der Auswahl des „Backlog" *(Zahl der tatsächlich das Krankenhaus aufsuchenden und
dort zu behandelnden Patienten)* daraus jedem Patienten eine Kenngröße beizufügen, die
anzeigt, wie viel der Ressourcen des Krankenhauses wohl verbraucht werden und wie
dringlich der Fall ist. Daran zeigt sich, wie viel Patienten letztlich von dem Krankenhaus,
der Abteilung X, der Ambulanz Y betreut werden können.

Wie macht man das?
Es gibt nur die Möglichkeit des Schätzens. Das ist zwar irgendwie unsicher, aber auch
wenn jeder Krankheitsfall einzigartig ist, so dass man zwar mit einiger Erfahrung ziemlich
gut vorhersagen kann, wie der Krankheitsverlauf wohl sein wird, bleibt eine nicht uner-
hebliche Restunsicherheit, so dass Arbeiten nach einem exakten Plan schlicht nicht
möglich ist. Eine Abschätzung löst dieses Problem mit einer hinreichenden Sicherheit.
Deshalb müssen der Aufnahmearzt bzw. die Aufnahmeschwester erfahren sein, um eine
relativ zuverlässige Vorhersage – auch auf der Basis nur geringer bzw. noch unzuverlässi-
ger Befunde – abgeben zu können. Sicher, auch erfahrenen Mitarbeitern können Schätz-
fehler unterlaufen, aber dies ist hinnehmbar, wenn man eben nicht zu 100 % auslastet und
ferner durch die Erfahrung bei dieser Tätigkeit und den Kenntnissen aus langjähriger Patientenbetreuung einen Blick für den Fall und seine Erfordernisse bekommt. Das Aufnah-

mepersonal darf also nicht die Schwesternschülerin, darf nicht der junge Assistenzarzt sein.

Zum Schätzen gibt es verschiedene Methoden. In der Medizin bekannt ist die sogenannte Triage. Diese auf Hauptverbandsplätzen der letzten Weltkriege entwickelte Methode ist grob und mag dort taugen, auch bei zivilen Katastrophen. Im Krankenhaus hat
man jedoch einen präziseren Bedarf. Deshalb sollte man dies für das je individuelle Krankenhaus festlegen. Allgemeine Techniken des Schätzens findet man als Anregung im bereits genannten Buch über „Agiles Projektmanagement im Berufsalltag" (Kusay-Merkle
2018). Für die Umsetzung im Krankenhaus speziell siehe hier den Abschn. 4.9.

3.7 Kanban – Das Prinzip im eigentlichen Sinne

Nachdem nun einige Dinge klargestellt wurden, soll hier das Prinzip von Kanban erläu-
tert werden.

Zunächst:

Kanban ist eine Methode, die selbst keine Arbeitsaufgabe erledigt, also keinen Patienten behandeln kann. Dennoch ist die Einführung in Betrieben, also auch dem Krankenhaus, sinnvoll und wichtig. Jeder im Krankenhausbetrieb Erfahrene kennt das alte Lied der
zu langen Wechselzeiten im OP. Dabei – und ich konnte das in den frühen 90er-Jahren
einmal einem Berater eines nicht unbekannten Managementberatungsunternehmens zeigen – ist niemand untätig. Dennoch war damals das Szenario der langen Wechselzeiten
evident – und kostete letztlich wertvolle OP-Kapazität.

Bei genauer Analyse war das Problem ziemlich schnell klar: die Zeitvergeudung ent-
stand nicht durch langsame Mitarbeiter, Schneckenprozesse etc., sondern dadurch, dass
die Koordination der verschiedenen „Servicestellen" nicht aufeinander abgestimmt war.
So war ein Bereich maximal tätig, ein anderer musste unnötig lange warten, bis er wieder
Arbeit (sprich Patienten) bekam. Warum war das so? Weil die Bereiche untereinander
nicht wussten, was der jeweils andere Bereich benötigte bzw. zu welchem Zeitpunkt. Es
gab Phasen mit Wartezeiten und solche mit hoher Belastung bis Überlastung der Mitarbeiter, die kaum wussten, wo anfangen. Kanban bietet eine Möglichkeit, ohne Mehrarbeit
solche unproduktiven Wartephasen zu kürzen und ohne zu hetzen die Arbeit zu entspan-
nen, aber dennoch zügig durchzuführen.

Kanban ist dabei der „Helikopter", der über den „Baustellen" vor Ort schwebt und damit den Überblick ermöglicht. Die Arbeit wird vor Ort, also z. B. im OP, in der Endoskopie,
auf Station in bekannter Manier erledigt, wie man es im Medizinstudium, der Pflegeaus-
bildung etc. gelernt hat. Kanban hilft aber den Arbeitenden, den Überblick zu erhalten und
zu bewahren, um reibungslos ihr Wissen und Können an den Patienten bringen zu können,
ohne sich mit zu viel – aus medizinischer Sicht – unnötigem Ballast einer Organisation
befassen zu müssen. Kanban ist ein Organisationstool, das durch die Prozessoptimierung
Vorteile für alle bietet – Patienten, Mitarbeiter, Risikomanagement, Betriebskosten, Ar-
beitsplatzsicherheit etc.

Im Einzelnen:

Kanban kann als sogenanntes Personal Kanban im Selbstmanagement eingesetzt werden, aber eben auch für Teams und Projekte und dann übergreifend auf der Portfolioebene der Klinik insgesamt.

„Personal" meint damit den einzelnen Arzt, einen Abteilungsleiter im OP, der Materialwirtschaft, den Pflegedirektor u. Ä. Vor allem leitende Mitarbeiter gewinnen so einen guten Überblick über ihre Aufgaben, aber auch über ihre Grenzen, was der Qualität, Kapazität und der persönlichen Leistungsfähigkeit und Gesundheit förderlich ist.

„Team" meint dabei ein OP-Team, eine Krankenhausabteilung, die Pflegekräfte einer Station, die Mitarbeiter in Einkauf und Materialwirtschaft, kurz jede Arbeitsgruppe, die eine umrissene Aufgabe gemeinsam bearbeiten muss.

„Portfolioebene" meint die sogenannte Verwaltung. Auch sie ist einerseits ein Team mit einer definierten Aufgabe, andererseits aber müssen hier die verschiedenen Teams und Arbeitsebenen übergreifend betrachtet werden. Mehr dazu findet sich im Kapitel über sogenannte „Flight-Level", Details siehe Abschn. 4.13

Kanban wurde als evolutionärer Ansatz erstmals von David Anderson (vgl. z. B. Anderson und Carmichael 2016) beschrieben. Es beruht auf sechs Praktiken:

- Mache Arbeit sichtbar
- Limitiere den Work in Progress (= Menge begonnener Arbeit)
- Manage Flow
- Mache Prozessregeln explizit
- Implementiere Feedbackmechanismen
- Führe gemeinschaftliche Verbesserungen durch

Die beiden ersten Punkte wurden schon angesprochen. Sie sind evident.

3.8 Mache Arbeit sichtbar

Wir hatten schon gesehen, dass es sich für alle Berufsgruppen im Krankhaus lohnt, die vorhandene, vor allem aber die tatsächlich geleistete Arbeit offenzulegen, so dass sie auch von anderen Berufsgruppen des gleichen Hauses gesehen werden kann.

Das geschieht zunächst durch den einfachen Blick auf das Product Backlog. Man erkennt, dass (reichlich) Arbeit auf jeden zukommt. Wie schon erwähnt, muss dann die tatsächliche Menge der Arbeit geschätzt werden, denn der Name eines Patienten allein ist noch nicht wirklich aussagekräftig für diese Beurteilung. Diese Abschätzung braucht zwei Voraussetzungen – einerseits Erfahrung im Schätzen (siehe das entsprechende Kapitel dazu), andererseits klinische Erfahrung, was hinter einer simplen Einweisungsdiagnose stecken kann, wie viel Arbeit das letztlich bedeutet. Auch mitgelieferte Befunde dienen dazu, das Schätzen valider zu gestalten. Eine weitere Komponente kommt hinzu – jedes Krankenhaus hat eine individuelle Arbeitsgeschwindigkeit in der Erledigung der gleichen

Diagnose. Deshalb muss diese individuelle Schätzung für das jeweilige Haus angepasst werden. Die Geschwindigkeit in der Bearbeitung einer Diagnose hängt beispielsweise davon ab, ob es sich um ein Lehrkrankenhaus handelt mit vielen jungen, noch nicht so erfahrenen Ärzten und Pflegekräften, oder um ein sogenanntes Fachkrankenhaus, das ein spezialisiertes Krankengut betreut mit alterfahrenen Mitarbeitern. Mit der Zeit werden sich aufgrund der Nutzung von Kanban zwar die Krankenhauszeiten einander annähern, aber an den dargestellten Grundbedingungen kann und wird Kanban zunächst nichts ändern. Kanban setzt auf diese vorgegebenen Bedingungen auf und optimiert das Outcome und den Arbeitsaufwand für die je gegebene Situation. Deshalb ist die externe Benchmark-Setzung mit Vorsicht zu nutzen, denn nur wirklich Gleiches kann miteinander verglichen werden (das ist ein bekanntes Problem des DRG-Systems). Gleich mag die Diagnose sein, ungleich ist aber in aller Regel die individuelle Ausstattung eines Krankenhauses mit Personal (jung – alterfahren), Material (ein MRT – große Radiologie), Lage (Land – Stadt), Grundversorger versus Maximalversorger etc., etc.

Deshalb an die Adresse aller Verwaltungsleute gerichtet: es gilt nicht, das eigene Krankenhaus an andere (die eben anders sind) anzugleichen, sondern die eigenen Prozesse zu optimieren. Kanban setzt also auf das Vorhandene auf und verbessert es. Die Verbesserung des Return on Investment folgt dann dadurch. Erst in der Zusammenarbeit aller Einzelbereiche (OP, Ambulanz, Station, Einkauf, Technik, Verwaltung etc.) ergibt sich ein Bild, das den Einzelnen unterstützt und gleichzeitig die verschiedenen Ebenen optimiert, dabei ihre Einbindung erleichtert und damit das gesamte Krankenhaus in seiner Organisation verbessert. Für Kanban gilt: *Einer für alle, alle für Einen.*

Frei machen muss man sich von Abgrenzung und Hierarchiedenken, wie es heute eher stärker vertreten ist als vor Jahren. Also ist Verantwortungslosigkeit die Folge, jeder macht, was er will? Nein, ganz klar nein. Kanban verlagert die Arbeitsverantwortung an die Leistungsstellen und macht sie dort sichtbar. Die juristische Endverantwortung ist damit jedoch nicht gemeint. Sie liegt weiter beim Chefarzt und den Abteilungsleitern bis hin zum CEO. Wie das zusammengeht, zeigt das Kapitel über Flight Level (Abschn. 4.13).

Das ist typisch Kanban: **Mache die Prozessregeln explizit.**

Das bedeutet, dass alle – also auch und gerade die Chefs – sich dem gleichen Prozess unterwerfen müssen, zum Wohle aller. Das mag einen Umdenkungsprozess bewirken müssen, damit es klappt. Aber in meiner ehemaligen Klinik haben wir ein solches System mit flachen Hierarchien gelebt – erfolgreich gelebt. Das hat als „Nebeneffekt" noch eine weitere Kanban-Praktik unterstützt, nämlich die laufende Verbesserung u. a. durch die sog. Wissensarbeit. Sie ist die Arbeit, die primär dem Nutzen und der Weiterentwicklung von Wissen dient. Auch das verbessert letztlich die Arbeitsgeschwindigkeit und vermeidet unwissendes Herumsuchen, gerade bei zunächst unklaren Diagnostikfällen.

Gerade diese Kanban-Wissensarbeit lohnt sich also für Patienten, die mit ungewöhnlichen Diagnosen kommen, die der üblichen Diagnostik unzugänglich geblieben sind. Einen exemplarischen Fall werde ich weiter unten im Buch vorstellen – und zeigen, wie durch Einsatz eines Kanban Boards das Wissen vermehrt wird, so dass ein unklarer Fall erfolgreich diagnostiziert werden konnte. Der Fall ist veröffentlicht (vgl. Merkle 2017). Die Grundvoraussetzung zur Lösung war, dass Arbeit – hier Befunde und Denkprozesse verschiedener Abteilungen – „öffentlich", also für die verschiedenen Klinikabteilungen sichtbar wurde, so dass Ergänzungswissen gehoben wurde, das schließlich die richtige Diagnose ermöglichte (siehe dazu auch Abb. 4.4 bis Abb. 4.6).

Sichtbarmachung von Arbeit bewirkt ferner Weiteres: Jeder weiß um sogenannte Flaschenhälse, in der Kanban-Sprache „**Bottlenecks**" genannt. Jedoch werden sie selten wirklich abgeschafft. Dabei behindern sie die Patientengesundheit genauso wie die Mitarbeitergesundheit und letztlich den wirtschaftlichen Erfolg der Klinik. Der Grund ist, dass Bottlenecks in der Regel nur von wenigen wahrgenommen werden, die unmittelbar damit zu tun haben und darunter leiden. Die Engstelle hat aber auch in der zweiten und dritten Ebene Folgen, die jedoch in der Regel nicht wahrgenommen werden. So bleiben sie meist bestehen, wiewohl die Auswirkungen gravierend sein können. Ein Kanban-Board, das offen einsehbar ist, lässt diese Engstelle für alle deutlich(er) werden. Der Druck, Bottlenecks abzustellen, steigt. In solchen Fällen liefern – fast ohne Zusatzarbeit – die Daten bei der Auswertung die Begründung, den Bereich umzuorganisieren oder mit mehr Personal auszustatten oder … Die dadurch entstehenden Mehrkosten, die eine Verwaltung bei gedeckelten Budgets meist scheut, lassen sich dann darstellen und beziffern. Die wahren Kosten eines Bottleneck für die Gesamtklinik werden sichtbar. Verglichen mit den ehedem versteckten Kosten der Engstelle erscheinen die Kosten, sie zu beseitigen, in der Regel eher gering; umso unverständlicher die mancherorts herrschende Trägheit. Außerdem hat eine Verwaltung für die nächste Budgetverhandlung eindeutige und harte Fakten, die ihr helfen, besser zu verhandeln, bevor die Klinik in ein Defizit rutscht, bevor, wie dies derzeit geschieht, der Bund Schulden übernehmen muss, um Krankenhäuser zu retten.

Bottlenecks zeigen weiterhin, an welchen Stellen die Klinik einen Schwerpunkt hat, den es auszubauen lohnt. Auch das verbessert die Finanzlage, sichert Arbeitsplätze, sichert das Überleben des gesamten Krankenhauses. Wie ein Bottleneck erkannt werden kann, wird an einem Beispielboard gezeigt werden. Die gesamte Arbeit lebt also davon, dass der **Workflow gemanagt** wird. Dazu dienen dann auch die Meetings. Dazu gehören gerade auch die folgend erwähnten Schritte.

3.9   Mache Prozessregeln explizit

Werden Regeln, von wem auch immer, verletzt, hat dies Folgen für den unmittelbaren Bereich, aber auch für Nachbarbereiche. Auch das wird an einem Beispielboard gezeigt werden (Abb. 5.8).

Sicher – in einem Krankenhaus gibt es einen Fall, der solche Regelabläufe unmittelbar außer Kraft setzen kann – den Notfall. Darauf muss ein Krankenhaus vorbereitet sein – und kann es. Auch das wird dargestellt werden.

Jedoch – durch den Override eines Chefarztes, eines Verwaltungschef etc. erfolgende Prozessregelverletzungen werden im Kanban Board ebenfalls öffentlich – also anders als derzeit. Sie sind intolerabel. In dem Moment, wo sie sichtbar sind, können sie jedoch nicht wegdiskutiert werden.

Dieser Fall spricht wieder die Maßnahme der **Priorisierung** an.

In jedem Krankenhaus haben echte Notfälle ganz klar Priorität. Das ändert ein Kanban-Board keineswegs. Es macht aber sichtbar, was und wo geschieht, warum geplante OPs verschoben, Diagnostikplätze neu vergeben, Betten neu belegt werden müssen etc.

Hier folgt zunächst aber die Darstellung eines „normalen" Priorisierungsprozesses:

Priorisierung muss die medizinische (!) Dringlichkeit eines Falles einschätzen. Dazu siehe die weiter oben gemachten Ausführungen. Die hierarchisch getriggerte Priorisierungsmethode – erst Chefarztpatienten, dann andere, wie vielerorts noch üblich, ist obsolet. Die ärztlicherseits anhand objektiver medizinischer Befund bestimmte Dringlichkeit eines Falles muss zusammen mit den strukturellen Gegebenheiten eines Hauses (ist ein geeigneter Operateur verfügbar oder ist er im Urlaub, ist das notwendige technische Material vorhanden, ist der OP dafür ausgerüstet, ist die Nachsorge einschließlich Intensivstation geregelt etc. ?) die Priorität bestimmen und wird dann im Board sichtbar dargestellt. Die Folge ist ein Einfluss auf das WIP-Limit. Auch das wird dann am Board sichtbar.

Wie macht man das?

Die bekannte Morgenbesprechung ist der geeignete Zeitpunkt, diese Dinge zu besprechen und gemeinsam (!) festzulegen. Danach halten sich alle daran.

Kanban greift also einen typischen Ablauf in der Klinik auf, regelt ihn jedoch so, dass er für das Krankenhaus insgesamt an den Boards sichtbar wird.

Transparenz ist damit fast ein Synonym für Kanban.

Die geregelten Besprechungen (kurz und präzise) sind dann auch die Voraussetzung, anhand der Boards **Feedback** zu geben, ebenfalls wieder hierarchiefrei. Anhand dieser Besprechungen lassen sich dann, ebenfalls wieder gemeinsam, **Verbesserungen** umsetzen.

Wer sich nun an sogenannte Stand-up-Meetings aus der Scrum-Systematik erinnert fühlt, hat durchaus recht. Kanban ist so durchlässig, dass es Dinge aus anderen Bereichen konstruktiv umsetzen kann. Letztlich geht es um Absprache, Feedback und Verbesserungen – also doch wieder typische Kanban-Prinzipien.

Die sture Arbeit des bisherigen Qualitätsmanagements wird so vermieden, die Qualität dagegen tatsächlich gefördert. Die Dokumentation erfolgt direkt an den Anpassungen des Boards – frei von Zahlenfriedhöfen.

It is not enough that management commit themselves to quality and productibility, they must know what it is they must do. Such a responsibility cannot be delegated (W. Edwards Deming).

Weiterhin gilt es, Fehler zu vermeiden. Ein bekannter Teil des gesetzlich vorgeschriebenen Risikomanagements in Kliniken dient dazu, Fehlerquellen rechtzeitig aufzudecken und abzustellen. Kanban unterstützt diese Arbeit zusätzlich.

Wie Sie sehen, stehen alle Punkte der Tabelle von Anderson (siehe in Kap. 2) in einem inneren Zusammenhang und passen perfekt auf eine Krankenhausorganisation. Das Flight-Level-System (s. u.) beleuchtet das zudem.

Wie immer steckt der Teufel im Detail, so dass in Kap. 5 die Kanban-Praktiken bereichsbezogen dargestellt werden, weil die Literatur sich auf mittlere Unternehmen allgemein bezieht, die Spezifika von Krankenhäusern aber so (noch) nicht in den Blick nimmt.

Die Ansätze zur Optimierung der Materialwirtschaft, wie sie in der Literatur gefunden werden können, werden in diesem Buch bewusst nicht besprochen. Das liegt darin begründet, dass die Materialwirtschaft nur einen kleinen Teil einer Klinikorganisation darstellt. Sicher müssen die Medizinhandelnden dafür die Ressourcen bereitgestellt bekommen. Aber es ist ihnen prinzipiell zunächst nebensächlich, wie das geschieht, solange die Dinge, auch Arzneimittel, vorhanden sind. Aus ärztlicher Sicht haben die Materialien und Medikamente vorhanden zu sein, man verlässt sich darauf.

Die anderen Bereiche eines Krankenhauses haben jedoch direkten Einfluss auf die Arbeit an Patienten durch Menschen (= Ärzte, Pflegepersonal, KG etc.). Deshalb ist die Optimierung der Medizinarbeit vorrangig und Thema dieses Buches.

Überhaupt – Kanban fördert das, was durch die „Verbetriebswirtschaftlichung der Medizin" in den letzten Jahren fast vergessen wurde, nämlich, dass Medizin, gerade im Krankenhaus, bedeutet: *Arbeit am (kranken) Menschen durch Menschen*. Dass das kein Widerspruch zu betriebswirtschaftlich optimiertem Handeln bedeutet, wird im Buch sichtbar.

Literatur

Anderson, D. J, & Carmichael, A. (2016). *Essential Kanban Condensed*. Lean Kanban University Press. https://resources.kanban.university/guide/.

Bertelsmann Stiftung. (Hrsg.) (2019). Zukunftsfähige Krankenhausversorgung. Simulation und Analyse einer Neustrukturierung der Krankenhausversorgung am Beispiel einer Versorgungsregion in Nordrhein-Westfalen. Gütersloh. DOI 10.11586/2019042. Heinrich. https://www.bertelsmann-stiftung.de/fileadmin/files/BSt/Publikationen/GrauePublikationen/VV_Bericht_KH-Landschaft_final.pdf. Zugegriffen am 21.07.2019.

Ivanovas, L. H. (2019). Leserbrief. Hohe Arbeitsbelastung. *Hessisches Ärzteblatt, 10*, 598.

Kusay-Merkle, U. (2018). *Agiles Projektmanagement im Berufsalltag*. Wiesbaden: Springer-Gabler.

Leopold, K. (2016). *Kanban in der Praxis – vom Teamfokus zur Wertschöpfung*. München: Hanser.

Marburger Bund. (2019). Pressemitteilung: Daseinsvorsorge statt Profitorientierung. https://www.marburger-bund.de/bundesverband/pressemitteilung/daseinsvorsorge-statt-profitorientierung. Zugegriffen am 15.07.2019.

Merkle, W. (2014). *Risikomanagement und Fehlervermeidung im Krankenhaus*. Heidelberg: Springer.

Merkle, W. (2017). Vom Schritt zum Tritt. In A. Geisler (Hrsg.), *Die Diagnose*. München: Penguin Books.

Osterloh, F. (2019). Bekämpfung des Pflegemangels: Politik legt Ideenkatalog vor. *Deutsches Ärzteblatt, 116*(25) vom 21.06.2019, S. 454 f.

Richter-Kuhlmann, E. (2019). Arztgesundheit: Künftig nicht nur eine Floskel. *Deutsches Ärzteblatt, 116*(23–24). https://www.aerzteblatt.de/archiv/208223/Arztgesundheit-Kuenftig-nicht-nur-eine-Floskel

Sußebach, H. (2019). So krank macht Arbeit: sechs Betriebsärzte über den Druck in deutschen Firmen. *Die Zeit* Nr. 45/2019 vom 30.10.2019, S. 26/27.

Walker, D., Alkalay, M., Kämpfer, M., & Roth, R. (2019). *Lean Stations-Management: Das nachhaltige System zur Verbesserung von Zusammenarbeit und Patientenversorgung.* Berlin: Medizinisch Wissenschaftliche Verlagsgesellschaft.

Kanban im Krankenhaus praktisch umgesetzt

Kanban ist eine Methode des Agilen Prozessmanagements. Das bedeutet im Krankenhaus (sinngemäß zitiert aus Kusay-Merkle 2018, S. 27):

- Menschen werden an die erste Stelle gesetzt
- Nutzen muss frühzeitig geschaffen werden (zügige Diagnostik und Therapie)
- Man muss nicht auf den großen Wurf warten – Diagnostik kann schrittweise erfolgen
- Lernen/diagnostizieren Schritt für Schritt in der Umsetzung der eingehenden Befunde
- Gemeinsames Wissen aufbauen, sich gegenseitig befruchten
- Menge der begonnenen Arbeit an Patienten wird begrenzt
- Der Arbeitsfluss auf allen Ebenen wird besser, weil er für alle sichtbar ist
- Der Return/die Finanzsituation bessert sich durch die einzelnen Optimierungsschritte

Prinzip eines Kanban-Boards

Die für Produktionsbetriebe entwickelte Nomenklatur muss für den Gebrauch im Krankenhaus uminterpretiert bzw. umbenannt werden. An den Prinzipien selbst ändert sich dadurch jedoch nichts. Das Kanban-Board kann problemlos dem Krankenhausalltag angepasst werden (siehe Abb. 4.1).

Zum Beispiel: Product Backlog (im Krankenhaus besser: Backlog), ein Begriff aus dem Agilen Prozessmanagement, meint im Krankenhaus die Sammlung der Patienten, die aufgenommen werden bzw. bereits wurden, also auf Behandlung warten.

Das können in der Ambulanz echte Notfälle sein, aber auch Patienten, die z. B. zum Verbandswechsel oder Kontroll-EKG kommen. Dass mit ihnen unterschiedlich zu verfahren ist, ist einsichtig. Somit führt eine Ambulanz also zwei Backlog-Spalten; ein OP hat pro Saal eine eigene Spalte, etc. Man kann und muss aber auch für weniger dynamische

© Springer Fachmedien Wiesbaden GmbH, ein Teil von Springer Nature 2020
W. Merkle, *Agiles Prozessmanagement im Krankenhaus*,
https://doi.org/10.1007/978-3-658-29874-6_4

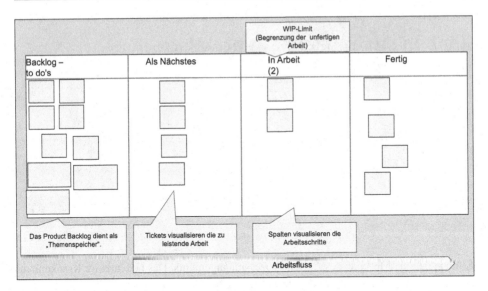

Abb. 4.1 Prinzipielles Aussehen eines Kanban-Boards

Bereiche wie eine Station ein Backlog-Register führen, denn während einige Patienten ihre Liegezeit (als Heilungsprozess) haben, müssen andere am gleichen Tag untersucht werden oder kommen in den OP. Deshalb empfiehlt sich auch hier ein Backlog mit zwei bzw. mehreren Spalten. Dies ist aber nicht zwingend, wenn klar ist, welche Patienten in die Spalte „als Nächstes" kommen, jedoch hilfreich zur Übersichtlichkeit. Man kann das auch durchaus in sogenannten Swim-Lanes (siehe Abb. 4.7) darstellen, die das Backlog aufschlüsseln.

Swim-Lanes sind wie die „Schwimmbahnen" im Schwimmbad separat dargestellte Bereiche auf einem Board, um Tickets gleicher Art optisch zusammen zu fassen. Dies ist insbesondere dann interessant, wenn damit unterschiedliche Vorgehensweisen oder Zuordnungen zu Räumen oder Teams visualisiert werden sollen.

Die Priorisierung der anstehenden Arbeit erfolgt über die Spalte „als Nächstes".

Sobald die Patienten z. B. von OP oder Röntgenabteilung abgerufen werden, werden sie in die Spalte „in Arbeit" weitergereicht. Hier zeigt sich die Auswirkung des Pull-Prinzips auf ein Basis-Board.

Schließlich sind die Patienten „fertig". Dieser Begriff muss zwingend für jedes Board definiert werden, denn „fertig" bedeutet, dass die aktuelle Aufgabe erledigt ist, der Patient also für den nächsten Arbeitsschritt zur Verfügung steht. Jede „Service"-Stelle im Hause, typischerweise also OP, Röntgenabteilung etc. sieht hier unter „fertig" der anderen quasi das eigene Backlog, aus dem sie dann den Patienten zur Weiterbearbeitung ziehen kann. Fertig heißt also nicht, fertig im Krankenhaus, sondern fertig mit dem gerade durchgeführten Prozess und damit wieder zur Verfügung für den nächsten Schritt. Es ist deshalb unmittelbar einsichtig, dass die Boards für alle jederzeit einsehbar sein müssen, damit das

Pull-Prinzip reibungslos funktioniert; umgekehrt muss aber dafür zwingend gesorgt werden, dass die Boards regelmäßig gepflegt und damit stets aktuell gehalten werden.

4.1 Ambulanz

Die Notfallambulanz kann man sich am ehesten als agiles Prozessfeld denken; ständig kommen neue Patienten mit unterschiedlichen Befunden, mal weniger schlimm, mal lebensbedrohlich. Hier die Übersicht zu wahren, ist weder leicht, noch ist es unmöglich. Viele derzeit bereits in großen Notfallambulanzen vorhandene Organisationsformen sind der Kanban-Methode ziemlich ähnlich. Warum sie also ersetzen?

Der Grund liegt nicht darin, dass sie schlecht oder untauglich wären. Der Grund, diese bewährten Systeme auszutauschen gegen ein Kanban-Board liegt allein darin, dass das Kanban-Board auch von außerhalb der Ambulanz einsehbar ist. Das aber ist der entscheidende Vorteil, auch die Ambulanz(en) mittels Kanban-Board zu organisieren.

Ein Blick auf das aktuelle Board der Unfallambulanz – und der OP und die Intensivstation können abschätzen, was, wann und in welcher Schwere in Kürze auf sie zukommen wird, so dass diese abhängigen Bereiche rechtzeitig Vorbereitungen treffen können, einen Saal freizumachen, ein Intensivbett vorzubereiten, einen zusätzlichen (Ober-)Arzt beizurufen etc.

In klassischen Ambulanz-Boards ist dieser Bedarf oft nicht sichtbar, zumindest nicht für Bereiche außerhalb der Ambulanz.

Ferner ist es hilfreich, jeden Notfall in einer eigenen Swim-Lane darzustellen, so dass man weiß, für wen Dinge bereitzustellen sind. Zwar hat jeder Notfall ein sogenanntes Ticket, weil es sich um einen Patienten handelt. Aber ihn in der Swim-Lane ebenfalls abzubilden, ist wichtig, um zu sehen, wo die Kapazitäten und Ressourcen des Krankenhauses „verbraucht" werden. Für die Zukunftsplanung ist dies eine hilfreiche Darstellung genauso wie für den Ambulanz- bzw. OP-Manager, die den Notfallpatienten „bearbeiten" müssen.

Ob man dann noch eigene Swim-Lanes erstellt für Patienten, die zwar behandlungsbedürftig sind und solche, die in der Ambulanz fehlaufgelaufen sind, hängt von der Größe des Krankenhauses, seines Auftrags und seinem regelhaften Patientengut ab; eine Uni-Ambulanz muss zwangsläufig anders organisiert werden mit tiefer gestaffelten Boards als die Ambulanz eines kleinen Regelversorgers in einem dünn besiedelten Gebiet. Deshalb ist eine bildhafte Darstellung einer beispielhaften Notfallambulanz in diesem Buch kaum möglich. Die notwendigen Verantwortlichen für die individuelle Notfallambulanz eines Krankenhauses müssen sich deshalb zusammensetzen, ihre Situation analysieren und daraus einen ersten Plan entwickeln, auf der Basis dessen, was einigermaßen typisch für dieses Krankenhaus ist. Ein Coach erscheint dabei (fast) unverzichtbar. Am einfachsten nutzt man das vorhandene Organisationssystem, prüft es auf Häufigkeit und Regelhaftigkeit der Vorkommnisse und gestaltet das Board danach.

Für das gegebene Krankenhaus wird das Board aussehen können wie ein Regelboard (Abb. 4.1), wie ein Board voller Swim Lanes (Abb. 4.7). Bei sehr großen Ambulanzen mit hohem Durchsatz kann man sogar Anleihen bei der Flight-Level-Systematik entlehnen.

4.2   OP

Ein OP ist der klassische Platz für agiles Management. Das Board sollte einerseits für den Gesamt-OP erstellt werden, andererseits aber unbedingt auch für jeden Saal einzeln. Dadurch wird eine Übersicht darüber geschaffen, welcher Saal frei ist oder demnächst frei wird, welcher Saal für mehrere Stunden besetzt ist. Wenn die Notfallambulanz jemanden in Behandlung hat, der demnächst eine Not-Operation benötigt, ist diese Übersicht sehr wertvoll. Wenn z. B. kein Saal verfügbar ist, aber dennoch notfallmäßig ein OP benötigt wird, lässt sich anhand von WIP-Limit und des Backlog am ehesten erkennen, wo und wie umorganisiert werden kann. Auch hier ist je nach Größe der OP-Einheit eine Swim-Lane-Darstellung hilfreich.

Die Boards jedes OPs sehen dabei aus wie die allseits bekannten OP-Pläne. Der entscheidende Fortschritt eines Kanban-Boards ist die Voraussicht, was demnächst kommen wird, welche OP als nächstes ansteht; das mindert erheblich die „Überraschung" und damit den Stress für das Personal. Gleichzeitig wird erkennbar, dass das WIP-Limit nur gehalten werden kann durch Umorganisation und Verschiebung. Oder man muss vom Plan insgesamt Abschied nehmen und neu nachdenken. Eine Verschiebung jedoch hat wieder Einfluss auf die Stationsarbeit, abzulesen am Stations-Board etc. In Abb. 4.10. wird anhand eines eingeschobenen Notfallpatienten gezeigt, welche Auswirkungen das haben kann – und auch meistens hat, denn fast alle Krankenhäuser arbeiten an der Kapazitätsgrenze, die ganz schnell durch einen Notfall überschritten werden kann.

Dies einfach wie früher auf dem Rücken des Personals abzuarbeiten und am nächsten Tag so zu tun, als habe es den Notfall am vorherigen Nachmittag nicht gegeben, ist nicht mehr möglich – die Board-Struktur decouvriert die Mehrbelastung mit ihren Folgen – immer vorausgesetzt, das Board wird auch in einer solchen Situation sauber und korrekt geführt.

Siehe dazu das prinzipiell gleiche Schema wie für die Ambulanz, denn der OP ist eine „Folgestelle" der Arbeit, die als Backlog in der Ambulanz vorhanden ist.

4.3   Stationen

Abb. 4.2 zeigt, wie z. B. eine Stationsübersicht aussehen könnte.

Anhand einer solchen Patientenübersicht kann man eine ganze Station sinnvoll überblicken. Die Befunde der einzelnen Patienten bleiben natürlich in deren eigener Patientenakte.

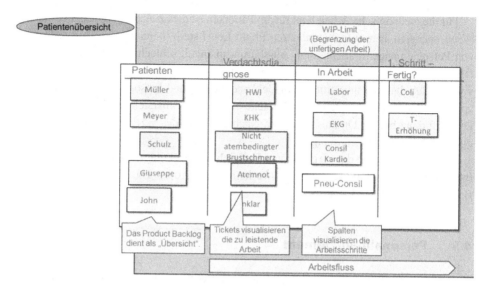

Abb. 4.2 Stations-Board mit Patientenübersicht. Spalte Arbeit/WIP-Limit: [Pro Patient kann nur eine Untersuchung gleichzeitig erfolgen. Man sieht in dieser Spalte also, wo sich der Patient gerade befindet.]

Der Stationsarzt wird sich mehr mit der Spalte „Verdachtsdiagnose" befassen, die Pflegekräfte vor allem mit der Spalte „in Arbeit", denn die Patienten müssen zu diesen Maßnahmen gebracht werden, nachdem sie aufgrund der ärztlichen Anordnung organisiert worden sind. Der Stationsarzt kann aber zugleich auch sehen, dass es nicht möglich ist, für einen weiteren Patient Anordnungen zu treffen, wenn das WIP-Limit der Pflegekräfte auf einem Pflegeboard überschritten ist. Er muss dann anhand der Dringlichkeit und Wichtigkeit priorisieren.

Sobald ein Patient mit einem Schritt „fertig" ist, kann er beim Board des Stationsarztes erscheinen, um weiter behandelt zu werden, oder er kann wieder in die Backlog-Spalte zurückrutschen, damit weitere Anordnungen abgearbeitet werden können.

Dabei ist zu beachten, dass alle hier angeführten Beispielboards jeweils nur Anregungen darstellen. Sie müssen selbstverständlich jeweils auf die speziellen Bedürfnisse eines Krankenhauses angepasst werden. Diese Arbeit muss jede Kanban-Arbeitsgruppe in ihrem eigenen Haus leisten, damit das System dann funktionieren kann.

4.4 Verwaltung

Für die patientennahen Bereiche eines Krankenhauses erscheint die Einsichtnahme in die Verwaltungsebene – zu diesen siehe die Flight-Level-Darstellung (Leopold 2016) zunächst entbehrlich.

Für die medizinische Arbeit konkret am Patienten ist dies zunächst einmal auch richtig. Wenn man sich aber auf einen anderen Flight Level stellt, kann man die Auswirkungen von Personalmangel, Patientenflut, Ausstattungsmangel, schlechter Organisation unmittelbar erkennen – einschließlich der Auswirkungen auf den Gewinn des Krankenhauses, von dem letztlich die Investitionen in Gebäude, Geräte und Personal abhängen. Dann ist „plötzlich" auch für patientennahe Bereiche eine solche Übersicht wichtig und sinnvoll. Das hilft dann bei der Organisation bzw. Nachsteuerung des Verfügbaren wie auch eines ggf. sichtbar gewordenen Mangels.

Auch das ist anhand der vorgenannten Beispiele aus Ambulanz und OP sowie Stationen (bevorzugt Intensivstationen) ablesbar, weshalb auch für diese Darstellung auf Kap. 5 des Buches verwiesen werden muss.

4.5   Personalmanagement

Kanban ist kein Personalmanagementsystem im eigentlichen Sinne, kann also das, was diesbezüglich in den Krankenhäusern vorhanden ist, nicht ersetzen. Jedoch unterstützt Kanban die Handhabung jeder Personalplanung. Die Begründung ist einfach: wie bereits mehrfach erwähnt, leistet Kanban *die* entscheidende Vorarbeit zur Personalbedarfsberechnung und – planung, denn als „Nebenprodukt" der agilen Prozessplanung sind drei Punkte evident:

- Größe des Product Backlog, also wie viele Patienten, Operationen etc. täglich zu behandeln sind
- WIP-Limit
- Sichtbarkeit der zu leistenden Arbeit (auch derjenigen Arbeit, die nicht sofort erkennbar ist, z. B. für „Bürokratie")

Aus der Anzahl der Patienten sowie dem leistbaren WIP-Limit aus rein organisatorischer Sicht, lässt sich täglich errechnen, wie viele z. B. Facharztarbeitsstunden durchschnittlich notwendig sind/waren im Laufe z. B. – zumindest rückblickend – eines Quartals. Analog gilt dies auch für Pflegekräfte, besonders diejenigen mit Spezialausbildung wie z. B. Intensivpflegekräfte.

Daraus ergibt sich die Anzahl bereitzustellender Ärzte und Pflegekräfte dieser „Qualitäts- und Ausbildungsstufe". Ergänzt um den üblichen Aufschlag wegen Urlaub und Krankheit,[1] erhält man den Personalbedarf einer Abteilung, eines Krankenhauses. Analog gilt das auch für Medizintechnik, Verwaltung etc.

---

[1] *Der Krankenstand steigt, die jeweilige Krankheitsdauer ebenfalls, psychisch bedingte Krankheitsausfülle nehmen zu. Quelle: Institut der deutschen Wirtschaft:* https://www.iwd.de/artikel/krankenstand-in-deutschland-steigt-456309/?utm_source=nl&utm_medium=email&utm_campaign=kw04-2020&utm_content=krankenstand-2018 *(heruntergeladen am 27.01.2020).*

Das alles sind bekannte Tatsachen. Jedoch gibt es in Krankenhäusern schon immer die Diskussion, ob diese Berechnungen richtig sind; gerade Chefärzte und Verwaltungsleiter kämpfen nicht selten um die Richtigkeit ihrer eigenen Berechnungen. Ein Kanban-Board kann diese Kämpfe auf eine sachliche Ebene bringen, denn ein Prinzip von Kanban ist: *Mache Arbeit sichtbar.*

Mitunter kann es daher auch interessant sein, jeweils auf den Tickets die Zeiten zu erfassen: Wann gelangte ein Ticket in eine Spalte? Wann wurde es fertig? Wann ging es wieder weiter?

Oft vergessene Bürokratiezeiten in der Ärzteschaft etc. werden am Board – s. o. – sichtbar und legen damit z. B. eine realistische(re) Basis für eine Personalbedarfsberechnung. Analog gibt es in jedem Bereich solche „vergessenen" Zeiten, die auf Dauer zu Mehrarbeit und Unzufriedenheit führen, denn geleistet wurden sie, weil sie notwendig sind. Solche vergessenen Zeiten dagegen sind am persönlichen Board z. B. eines Arztes eben sichtbar und damit objektiv erfasst. Sie haben entscheidenden Einfluss auf den notwendigen Personalschlüssel. Es liegt deshalb im Interesse aller Mitarbeiter und Mitarbeiterinnen in allen Berufsgruppen und Leistungsebenen, das Board sorgfältig und zeitnah zu führen. Nur dann kann es einen „Mehrwert" erzeugen.

Ein Problem bleibt und kann mit Kanban allerdings nicht gelöst werden: Es handelt sich um den gesellschaftlichen und politischen Konsens, wie groß ein Personalschlüssel sein muss, um eine Klinik ohne Überlastung des Personals, ohne Verschwendung und ohne Qualitätsverlust durch Arbeitshetze führen zu können. Ein Kanban-Board kann allerdings diese politische Diskussion ebenfalls versachlichen und damit Kahlschlagszenarien wie die der an anderer Stelle im Buch erwähnte Bertelsmann-Studie (Bertelsmann Stiftung 2019) vermeiden. Siehe hierzu ferner auch das Editorial im Hessischen Ärzteblatt von Susanne Johna (2020).

Ein solcher, allgemein anerkannter Personalschlüssel kann durch die Übersicht vieler Kliniken gebildet werden, weil die Methodik von Kanban gleich ist; der solcherart begründete Personalschlüssel befriedet die Diskussion, wie dies seinerzeit der bayerische Personalbedarfsschlüssel ermöglicht hatte. Er wird deshalb nicht mehr angewandt, weil die Zeit ihn überholt hat; ein moderner Schlüssel auf der Basis von Kanban-Board-Zahlen dagegen kann immer wieder angepasst werden.

Analog ist das auch beim Bereitschaftsdienst möglich. Der Blick auf das Board – sofern es ebenfalls sauber auch in Nacht- und Wochenendzeiten geführt wird – gibt an, wie viel Arbeit vorhanden ist, wie sie bewältigt werden muss, welches Personal vorgehalten werden muss außerhalb von Kernarbeitszeiten. Unter Beachtung gesetzlicher und tarifvertraglicher Vorgaben ergibt sich dann der sog. durchschnittliche Personalbedarf. Die Objektivierung von Zahlen kann Arbeitszeitkämpfe verhindern, Verwaltungen in der nächsten Budgetverhandlung stärken, Arbeitgeber- und Arbeitnehmerseite den Weg zum Arbeitsgericht ersparen. Kanban kann also, richtig angewandt, die Basis für einen allgemeinen und wegen seiner objektiven Basis verlässlichen und anerkannten Personalschlüssel liefern, der dann für die Planung des individuellen Krankenhauses zusammen mit dem Backlog und dem WIP-Limit die Grundlage darstellt.

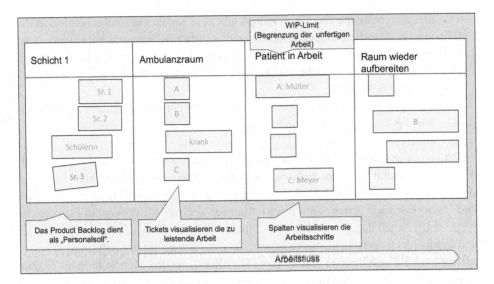

Abb. 4.3 Personalbedarfsdarstellung

Eine andere Darstellung dieser Personalsituation wäre auch mittels Swim-Lanes möglich. Jede Krankenschwester bekäme dann eine eigene Swim-Lane zugewiesen, auf der ihre eigene Arbeit sichtbar ist. Für die Personalbedarfsberechnung ist das evtl. hilfreich,es hat jedoch den (rechtlichen) Nachteil, dass auf diese Weise eine individualisierte Arbeitsmengenberechnung möglich wäre. Dies ist aus arbeitsrechtlicher Sicht aber nicht zulässig, da rein rechtlich gesehen „nur" eine Arbeitsleistung mittlerer Schnelligkeit und Güte von einem Arbeitnehmer zu erbringen ist. Deshalb sollte mit dem Betriebsrat einer Klinik vereinbart werden, dass eine individuelle Leistungsauswertung zu unterbleiben hat, wenn man die Vorteile einer solchen Darstellungsweise nutzen will.

Abb. 4.3 macht unmittelbar erkennbar, wie man aus einem Kanban-Board eine Personalsituation ableiten kann.

4.6 Effiziente Lösung eines komplizierten medizinischen Falles mittels Kanban-Technik

Der hier nun vorgestellte exemplarische Fall wurde bereits von mir veröffentlicht (Merkle 2017).

Der junge Mann – immerhin Krankengymnast – kam wegen therapieresistenter Schmerzen beim Laufen in unsere Klinik, nachdem er bereits an anderen Orten vorstellig war, sogar operiert wurde, aber keine Linderung oder gar Heilung erfahren hatte. Alle auswärtigen Befunde brachte er mit; sie wurden auf Plausibilität und Vollständigkeit durchgesehen.

Alles nur Denkbare war unternommen worden. Dennoch gab es keine wirkliche Diagnose und schon gar keine Lösung des Falles. Die vorgeschlagene Lösung war, den jungen Mann zu berenten. Allein vom Alter her war das die schlechteste denkbare Lösung.

Alles war gemacht, was sollte also noch erfolgen? Da der Fall ungelöst war, musste dem jungen Mann aber geholfen werden.

Der Weg, der dann beschritten wurde, zeigt exemplarisch, wie man solche Fälle, bei denen alles gemacht schien, die aber weiterhin aus einem Sack voll Fragezeichen bestehen, lösen kann.

Da die Beschwerden rheumatoider Art imponierten, wurde dort begonnen. Bekanntermaßen ist „Rheuma" oft ein Chamäleon für andere Ursachen. Das hatten die vordiagnostizierenden Kollegen deshalb auch gewusst und viele Konsiliaruntersuchungen veranlasst. Aber eben ergebnislos.

Auffallend war allein, dass alle beteiligen Kollegen als Einzelpersonen gehandelt hatten, ihre Ergebnisse waren ihnen gegenseitig **nicht** bekannt.

Der Verdacht, dass auf diesem quasi abgeschotteten Weg Informationen verloren gegangen waren, lag nahe. Deshalb wurden die Vorbefunde in einer gemeinsamen Akte offengelegt, überprüft und die Ergebnisse wurden erneut allen Untersuchern zur Kenntnis gebracht. Auf diese Weise wurden häufige und seltene Auslöser von „Rheuma" durchgearbeitet. Bei einem Konsil – auch das war bei den Vordiagnostikern erfolgt gewesen – fiel der gleiche Befund wieder auf und wurde dann – anders als zuvor – durch dazu passende Untersuchungen ergänzt. Das Ergebnis war eine Rarität, aber eben auch die richtige Diagnose. Der junge Mann konnte geheilt werden und ist heute voll arbeitsfähig und gesund.

Es liegt nun nahe, den ganzen Fall und seine Lösung als zufällig und glückhaft abzutun. Das aber wäre nicht richtig. Wie ist diese erfolgreiche Diagnostik also erfolgt? Der Schlüssel zum Erfolg war die Offenlegung aller vorhandenen Befunde auch für Kollegen aus Fachgebieten, die scheinbar nichts mit der Diagnose „Rheuma" zu tun haben. Durch diese Offenlegung wurde Wissenspotenzial gehoben, was letztlich den Erfolg erklärt. Vorher hatten sich alle Kollegen auf das jeweils Naheliegende in ihren Fachgebieten beschränkt in der Vermutung, die Lösung des Falles liege woanders. Erst als alle am gemeinsam Einsehbaren erkannten, dass die Lösung nicht in der Nachbardisziplin lag, sondern immer noch ausstand, wurden auch seltene und ungewöhnliche Möglichkeiten bedacht – und eben dann auch gefunden. Das Board für alle hat das Nachdenken und weiterführende Verhalten der Kollegen befördert. Eine optimierte Organisation hatte also definitiv einen Mehrwert.

Der Board-Weg dazu wird in Abb. 4.4 vorgestellt.[2]

---

[2] *Zu der damaligen Zeit war das alles auf Papier dokumentiert und in einer gemeinsamen Krankenakte des Patienten über alle Fachbereiche hinweg einsehbar gewesen, heute kann man das erleichtert mit einem elektronischen Board darstellen.*

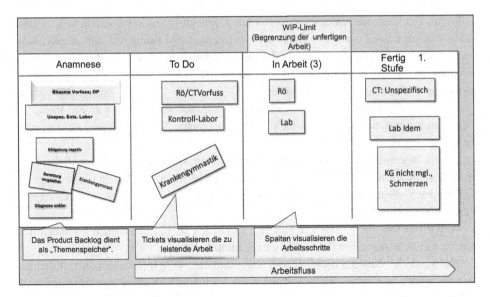

Abb. 4.4 Problemfalldiagnostik 1. Board

Kommentar

Die Vorbefunde einschließlich Anamnese werden in das sog. Backlog gelegt, so dass diese Befunde jederzeit eingesehen werden können und zugänglich sind, um sie im Spiegel weiterer Befunde neu und kritisch zu würdigen.

Als erste Maßnahmen erfolgten Routinedinge. Um den Patienten, der trotz Gehhilfen kaum Laufen konnte, nicht zu sehr zu belasten, wurde die Anzahl parallel ablaufender Diagnostikmaßnahmen begrenzt (WIP-Limit von 3). Nach diesem ersten Durchlauf wurden die Ergebnisse in der Spalte „Fertig" zusammengetragen. Die anschließende Beurteilung durch den Kollegen, der den Fall verantwortlich führte, war ernüchternd: Keine neuen Erkenntnisse.

Die Konsequenz war ein zweiter Durchgang. Die Consile wurden ausgeweitet. Alle Fachgebiete, die einen eventuellen Lösungsansatz bieten könnten, wurden angesprochen *(in Abb. 4.5 finden sich exemplarisch nur vier Fachgebiete, um im Buch die Übersichtlichkeit zu wahren, realiter waren noch ein paar weitere Consile angesetzt worden).*

Die weitere Diagnostik wurde nach und nach durchgeführt, so dass das WIP-Limit im Interesse des Patienten nicht ausgeschöpft wurde. In der Spalte „Fertig" ergab sich diesmal ein auffälliger Befund, der in der urologischen Voruntersuchung trotz erfolgter Untersuchung nicht erhoben worden war. Die transrektale Sonographie war zuvor nicht erfolgt, weil die Abtastung unauffällig gewesen war.

Ein dritter Durchgang war die konsequente Folge:

Unter der erstmaligen Arbeitsdiagnose „Prostatovesikulitis" wurde weiter untersucht, wieder für alle Beteiligten sichtbar. Die Ergebnisse der Untersuchung finden sich wieder in der Spalte „Fertig". Anders als bisher ließen sich die Befunde nun aber zu einer medi-

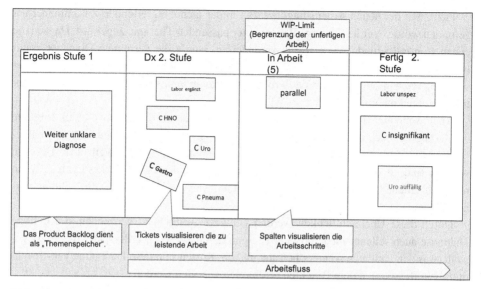

Abb. 4.5   Problemfalldiagnostik 2. Board

zinischen Diagnose zusammenfügen. Sie wurde anhand der „rheumatologischen" Vorbefunde für vermutlich kausal angesehen; sie passte mit allen anderen Ergebnissen zusammen. Diese überraschende Diagnose wurde nur gefunden, weil alle Fachgebiete alle
Befunde zu jeder Zeit einsehen und ihre diagnostischen Maßnahmen daran orientieren und
die Ergebnisse und das jeweilige Procedere diskutieren konnten (siehe Abb. 4.6).

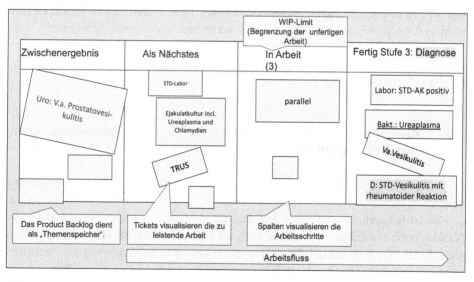

Abb. 4.6   Problemfalldiagnostik 3. Board

Fazit: Mit der neuen Arbeitsdiagnose, die in der fachübergreifenden Zusammenarbeit gefunden wurde, wurde der junge Patient einer passenden Therapie zugeführt. Da sich die ersten Kontrollbefunde wie erwartet veränderten, wurde die vermutete Diagnose somit bestätigt, der junge Mann konnte schließlich geheilt werden. Er arbeitet inzwischen wieder erfolgreich in seinem erlernten Beruf als Krankengymnast und hat keinerlei Gehbeeinträchtigungen mehr.

Auch wenn eine Tumorsuche einiges komplizierter ist als dieser Beispielfall, folgt die Abklärung dennoch genau den gleichen Kriterien, so dass Organgebiete, die Normalbefunde aufweisen, als erledigt betrachtet werden können. So wird, weil diese Befunde sichtbar sind, unnötige Doppeldiagnostik vermieden, andererseits wird es evident, wenn nur noch seltene Befunde/Ursachen möglich sind, weil das Häufige, für alle sichtbar, ausgeschlossen wurde.

Durch diese Übersichtlichkeit werden Umwege weitgehend vermieden, die richtige Diagnose auch seltener medizinischer Ereignisse – das zeigt der Beispielfall – zügig gestellt, was den Patienten weniger belastet und die Kosten senkt. So kann ohne Verschwendung von Ressourcen dem Patienten erfolgreich geholfen werden.

Kanban als diagnostische Hilfsmethode ist geeignet, auch seltene Erkrankungen relativ rasch zu erkennen, indem Mängel, Umwege und Fehlwege erkannt und in der weiteren Abfolge vermieden werden können.

Ein solches diagnostisches Kanban-Board ist damit der entscheidende Weg, trotz Kostensenkung erfolgreiche Medizin praktizieren zu können.

Wie andere Fälle zeigen, lassen sich auch auf konventionellem Weg Komplexdiagnosen lösen, siehe das zitierte Buch zu ungewöhnlichen Diagnosen, in dem auch der hier vorgestellte Beispielfall enthalten ist (Merkle 2017). Jedoch verhilft der systematische Kanban-Weg zu einem schnelleren Ergebnis, das weniger von Zufällen abhängig ist. Es wird nicht an der notwendigen Medizin gespart, sondern nur an unnötigen Umwegen.

Angesichts von finanziell begrenzten Fallpauschalen freut dies gleichermaßen den Controller und die Geschäftsleitung wie den betroffenen Patienten mit einer seltenen Erkrankung.

4.7 Risikomanagementhilfe durch Kanban (Personalmangel, Ausstattungsmangel, Organisationsversagen)

In Abschn. 4.5 wurde die Hilfe eines Kanban-Boards in der Personalbedarfsberechnung vorgestellt.

Nun ist bekannt, dass zu wenig Personal die Fehlerquote steigen lässt, weil für die Nachkontrolle keine Zeit bleibt (siehe auch das Ergebnis des Push-Versuchs beim Spiel „Schiffe falten"). Ausreichend Personal steigert also durch die Minderung des Fehlerrisikos unmittelbar die Qualität der Arbeit – auch in den Bereichen, in denen durch Übung und Routine scheinbar keine Verbesserung möglich ist. Aber auch Routine kann Fehler in einem Team nicht vermeiden, wenn die Nachkontrolle unterbleibt. Deshalb ist es auch aus Sicht des Risikomanagers zweifelhaft, ob – wie in der Bertelsmann-Studie (Bertelsmann Stiftung 2019) vorgeschlagen – die Konzentration auf wenige Kliniken bzw. Abteilungen als Schwerpunkte per se die Qualität verbessern wird. Grundvoraussetzung ist auch hier, dass nicht nach dem Push-Prinzip gearbeitet wird, sondern im Pull-System. Das gilt für alle Krankenhäuser unabhängig von Größe und Leistungsstufe. Ausreichend Zeit zur eigenen Überprüfung ist eine conditio sine qua non für gute Qualität mithin geringes Risiko. Ein Großteil des „Aktionismus" zur Qualitätssteigerung könnte entbehrlich werden, wenn dem Personal ausreichend Zeit zur Kontrolle bliebe.

Was über Personalmangel und seine Auswirkungen gesagt wurde, und wie ein Kanban-Board die Arbeit verbessert, wurde dargestellt. Analog gilt dies auch für Ausstattungsmängel.

Kanban hat noch einen weiteren Nebeneffekt: Zunehmend denkt man in Krankenhäusern über geteilte Leitungsstellen nach. Das hat Vorteile, aber auch Nachteile. Der entscheidende Nachteil ist das Risiko des Informationsverlustes beim planmäßigen Wechsel der Führungsperson. Es darf jedoch nicht geschehen, dass durch Informationsdefizite bei der Übergabe Risiken für die Patientenbehandlung entstehen. Das zu verhindern ist also Pflicht, wenn ein solches Kollegialsystem in der Leitung eingeführt wird. Da ein Kanban-Board aber genau diese Informationsproblematik löst durch seine ihm immanente Transparenz, sind die Nachteile geteilter Stellen verhinderbar, die Vorteile dagegen nutzbar (vergl. Ziegler 2019).

Um richtig verstanden zu werden: Jede Übergabe auf jeder Ebene birgt das Risiko des Informationsverlusts. Auf der Leitungsebene hat es jedoch weitreichendere Folgen und muss deshalb durch geeignete Organisationsform verhindert werden.

Also: Wenn die Übersicht, wie sie ein Kanban-Board ermöglicht, nicht vorhanden ist, können katastrophale Fehler entstehen. Ein Beispiel für eine solche medizinische Katastrophe habe ich selbst als Gutachter zu beurteilen gehabt. Um es kurz zu machen – der verursachende Arzt hat falsch gehandelt (siehe Merkle 2016, S. 135 ff.). Aber ist es so einfach gewesen? Wenn man in die Fehleranalyse einsteigt, stellt man fest, dass der Arzt Informationen nicht berücksichtigt hatte. Sie waren zwar vorhanden, wie ich im Gutachten zeigen konnte, jedoch lagen sie in der Akte und wurden „übersehen" – wie das so oft der Fall ist. Wenn man dagegen mit einem Kanban-Board die vorhandenen Informationen klar sichtbar gemacht und ggf. markiert hätte, dann hätte eine bessere Chance bestanden, dass der Urologe Zusammenhänge hergestellt und dann berücksichtigt hätte. Ein solches Board garantiert zwar keine Vermeidung von Fehlern, aber es erleichtert die Übersicht, die in diesem konkreten Fall gefehlt hatte. Das zu nutzende System wäre, da der Urologe eine Einzelpraxis führte, beispielsweise ein sogenanntes Personal-Kanban – einfacherweise mit Swim-Lanes pro Patient – gewesen, um in der Hektik eines Praxisbetriebs die Übersicht zu behalten. Das Board könnte etwa so aussehen wie in der nachfolgenden Abb. 4.7 dargetellt. Auch hier sind die Befunde vollständig einsehbar gewesen, wodurch schließlich die richtige Diagnose folgte. Zu Swim-Lanes siehe Abb. 4.7.

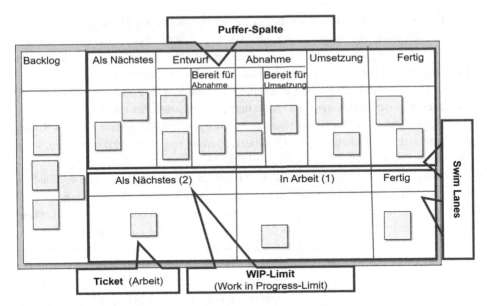

Abb. 4.7 Swim-Lanes zeigen die Parallelität von Prozessen auf

Team-Kanban
Das Prinzip ist hier das Gleiche. Das Board sieht zunächst einmal aus wie bei Personal-Kanban bzw. wie es vorstehend schon in den Abbildungen gezeigt wurde.

Der Unterschied beim Team-Kanban ist der „Mehrwert", nämlich die Möglichkeit für jedes Teammitglied, auf das gleiche Board zugreifen zu können, zur persönlichen Information aber auch zur Einstellung von Informationen für die anderen Teammitglieder. Dadurch entsteht ein breiter Überblick.

Auch diese Teamansicht kann man in prinzipiell zwei Versionen durchführen: einmal für das Kernteam aus wenigen Personen, andererseits für eine ganze Abteilung. Während Kernteams an einem Einzelboard gemeinsam arbeiten, greifen größere Teams oder Abteilungen zu den Swim-Lanes. Diese sind ebenfalls für alle einsehbar, d. h. die Information ist breit einsehbar, jedoch wird in der Regel eine Swim-Lane von einem Kern-Team innerhalb der Abteilung bearbeitet.

Dieses Vorgehen erlaubt Übersicht einerseits, aber dennoch Handhabbarkeit andererseits.

4.8   Priorisierung

Wie schon vorgestellt, ist die Priorisierung anhand medizinischer Notwendigkeiten der einzig vernünftige Weg, die Arbeit eines Krankenhauses zu gewichten. Die wichtigste Auswahl berücksichtigt die Dringlichkeit des Falles sowie mögliche negative Konsequenzen, wenn Diagnostik und Behandlung verzögert werden. Insofern ist es unmittelbar einsichtig, dass echte Notfälle, unabhängig von dem, was auf dem Board dargestellt ist, Priorität 1A haben. Die einzige Verbindung zu einem Kanban-Board besteht darin, dass der Notfall dort abgebildet werden muss, damit seine Auswirkungen auf den „Rest" der Klinik sichtbar werden und sich jeder darauf einstellen kann, von der Ambulanz über den OP, die Station, die Personalabteilung (Überstunden) und die Klinikleitung (Bettenmangel) etc. . Der Notfall wird dabei in einer eigenen Swim-Lane abgebildet (siehe Abb. 4.7). Allgemein können solche Boards mit Swim-Lanes nicht nur benutzt werden, um neben einem Routineprozess bzw. Routinepatienten einen „Sonderfall", also hier einen Notfall, darzustellen und einzufügen, wodurch man unmittelbar erkennen kann, wo der Notfall in die Routineabläufe verändernd eingreift (siehe Kap. 5). Swim-Lanes sind überhaupt geeignet, Prozessabläufe parallel erkennen zu können. Dabei ist jedoch zwingend zu beachten, dass Swim-Lanes im gleichen Level ablaufen. Wenn es darum geht, Bereiche nebeneinander darzustellen, nutzt man eine Level-Struktur (siehe Abschn. 4.13 und Abb. 4.12).

Ferner hat der Notfall Einfluss auf das Klinik-Backlog; dort wird er als hochpriorisierte Arbeitsaufgabe erkennbar. Sobald also ein Notfall im System erkennbar wird, muss das Tages-Board sofort angepasst werden; z. B. muss ein OP freigemacht werden, wodurch das WIP-Limit dieses OP-Saales sinkt. Die betroffenen Patienten müssen umgeplant (mit der Folge der WIP-Steigerung in einem anderen Saal und ihren Folgen) oder gar auf den nächsten Tag verschoben werden, wodurch dieser Tagesplan ebenfalls Veränderungen erfährt.

Das ist vom Wesen her alles nicht neu, jedoch sorgt das Kanban-Board für die Sichtbarkeit dieser Maßnahmen einschließlich ihrer Konsequenzen, woraus sich dann auch personelle, strukturelle und finanzielle Konsequenzen ableiten lassen, wenn es häufiger zu solchen notfallmäßigen Veränderung kommt – die Arbeit ist eben sichtbar geworden.

Wie wird ein echter Notfall nun definiert?Derzeit ist die Situation in deutschen Krankenhäusern so, dass es weiterhin echte Notfälle mit ggf. lebensbedrohlichen Risiken gibt, die zweifellos sofort zu behandeln sind. Jedoch gibt es zunehmend Ambulanzbesuche z. B. zu Nacht- und Wochenendzeiten durch Patienten, die erkrankt sind, aber nicht lebensbedrohlich. Sie müssen behandelt werden, aber innerhalb der „normalen" Arbeitszeiten; ja, sie können nicht selten sogar ohne Krankenhausbehandlung gesund werden, indem sie in einer niedergelassenen Praxis behandelt werden. Die Rund-um-die-Uhr-Versorgung eines Krankenhauses wird durch solche Fehl-Patienten – von der medizinischen Dringlichkeit her betrachtet – überbelastet. Auch das kann ein Kanban-Board erkennbar machen. Derzeit beginnt eine politische Initiative, veranlasst von überlasteten Krankenhäusern, Lösungen für solche Fehlinanspruchnahme zu erarbeiten.

Letztlich geht es auch hierbei um Priorisierung. Getroffen werden muss sie bei Notfällen selbstverständlich von einem entsprechend qualifizierten Arzt bzw. einer speziell ausgebildeten Pflegekraft. Die dort getroffene Entscheidung – i. d. R. in der Notaufnahme – ist für das übrige Krankenhaus zunächst bindend einschließlich der vorgenannten Konsequenzen. Erst nach erfolgter Diagnostik kann und darf eine Neubewertung erfolgen, deren Resultat eine erneute Veränderung des Kanban-Boards einer Abteilung bzw. Klinik hervorruft. Das System ist also im wahrsten Sinne des Wortes „agil".

Priorisierung außerhalb von Notfällen, echten wie patientenseitig subjektiven, wird ebenfalls vorgenommen. Auch diese erfolgt durch eine erfahrene Kraft, in der Regel durch eine entsprechend eingearbeitete und die Kliniksituation überblickende Pflegekraft in der Aufnahme. Jede Prioritätsstufe wird in einer eigenen Swim-Lane dargestellt, so dass gleiche Prioritätsstufen entsprechend rangmäßig hierarchisch auf die Klinikressourcen zugreifen können.

Eine Folge davon ist, dass bei begrenzten Ressourcen „leichte" Fälle in die ambulante Versorgungsebene weitergeleitet werden (müssen). Damit dies ohne Gefährdung von Patienten und deren Gesundheit möglich ist, ist zu fordern, dass ambulante Praxen, die solche Patienten auffangen müssen, ebenfalls Einblick in das Krankenhaus-Board haben, so dass sie sich auf das, was auf sie zukommt, rechtzeitig einstellen können. Die dazu notwendigen datenschutzrechtlichen Voraussetzungen sind derzeit in Arbeit. Sie müssen gelöst werden, bevor diese derzeit diskutierte Organisationsänderung endgültig greifen kann.

Wie also erfolgt eine Priorisierung? Zunächst scheint es sinnvoll, sich an das bekannte und bewährte ABC-Schema aus der Kriegsopferbewertung zu halten, das sich in Friedenszeiten auch in der notärztlichen Versorgung zumindest bei Massenunfällen bewährt hat. Mit zunehmender Erfahrung und Übung der Darstellung solcher ABC-Patienten eines Krankenhauses kann – und sollte durchaus – ein Finetuning erfolgen. Die nachfolgende Abb. 4.8 zeigt auf der Basis der ABC-Regel eine mögliche Darstellung auf dem Kanban-Board. Auf ihr sieht man einerseits eine Krankenhaus-Notaufnahme mit „gemischtem Patientengut", andererseits die bereits erfolgte Einschätzung innerhalb der Triage. Ferner ist sichtbar, dass Patient 2 alle Maßnahmen bevorzugt erhält, Patient 3, der ebenfalls ein CT benötigt, warten muss, bis Patient 2 „fertig" ist. „Fertig" ist in diesem Fall einsichtig,

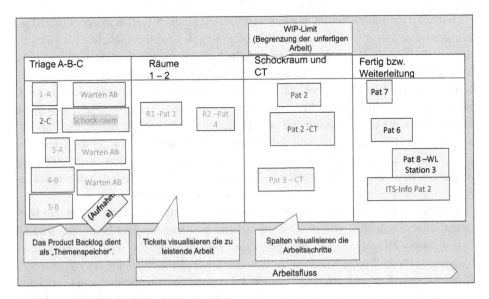

Abb. 4.8 Beispiel-Board Notaufnahme

nämlich aus Sicht der Notaufnahme dann, wenn der Patient auf die Intensivstation weitergegeben werden kann, wo er ggf. für eine OP vorbereitet und stabilisiert wird.

„Fertig" ist also für jede „Serviceeinheit" eigens zu definieren und bedeutet die Weitergabe an die nächste Stufe, die sich dann den „fertigen" Patienten holen kann – entsprechend dem Pull-Prinzip (Abschn. 3.4). Aber auch die Notaufnahmeeinheit sieht, welche Patienten nach der Behandlung des akuten Notfalls noch auf Behandlung warten.

Aus dieser „Einsicht" auf die Abläufe in den Boards entsteht ein Bewusstsein dafür, was noch zu tun ist einerseits, aber andererseits – und das ist wichtig – auch das Bewusstsein für die Zusammenhänge. Jeder Mitarbeiter in jeder Position – selbst der Chef – ist abhängig von den Umgebungsprozessen. Deshalb ist es nicht sinnvoll, nur zu schauen, den eigenen kleinen Bereich in Ordnung zu halten, sondern man muss das Ganze, also die Abteilung, die Nachbarabteilungen und letztlich die gesamte Klinik im Auge haben. Gerade die Zeit- und damit Geldvergeudung durch Wartezeiten infolge mangelhafter Organisation ist ein nicht zu unterschätzender Kostenfaktor. Hier „aufzuräumen", also unnötige Wartezeiten durch bessere Organisation und Übersicht zu verkürzen bzw. ganz zu vermeiden, bringt für den Return on Investment eines Betriebs – also auch einer Klinik – in der Regel deutlich mehr als das Hetzen der Menschen, die Verdichtung der Arbeit oder das bei Chefs so beliebte Multitasking. Wer es immer noch nicht glaubt, möge, wenn er es noch nicht getan haben sollte, einmal das in Abschn. 2.1 vorgestellte Spiel „Schiffe falten" ausprobieren.

Gerade Chefs erleben hier durchaus Aha-Effekte, wie ich aus Seminaren weiß. Der Fokus einer Krankenhausleitung muss ein erfolgreiches Krankenhaus sein (medizinisch wie betriebswirtschaftlich). Der Fokus liegt nicht darauf, dafür zu sorgen, dass jeder Mitarbeiter maximal beschäftigt ist. Oder fahren Sie mit Ihrem Auto auch immer mit Höchstgeschwindigkeit?

Noch eine Anmerkung zu dem Kriterium „fertig"
Ein Kanban-System beleuchtet immer einen Ausschnitt eines größeren Systems, also beispielsweise die Notaufnahme eines Krankenhauses. Somit kann der Zustand „fertig" auch eine jeweils andere Bedeutung im Detail haben. Generisch betrachtet heißt „fertig" einfach, dass nun im Rahmen des betrachteten Bereichs die Arbeit abgeschlossen ist.

Wie bereits mehrfach erwähnt, ist das ein Begriff, der für alle allgemeingültig ist in dem Sinne: dieser Fall bzw. Patient darf als nächstes von einer Serviceeinheit aus dem Backlog geholt und weiter behandelt werden.

Auf der anderen Seite ist „fertig" aber ein sehr patientenindividueller Begriff, nämlich in dem Sinne, dass eine Diagnostik- bzw. Therapiemaßnahme beendet ist und ein ablesbares Ergebnis bzw. ein Befund vorhanden sind.

Es ist deshalb essentiell zu definieren, was jeweils mit „fertig" gemeint ist.

Jedenfalls ist „gesund und entlassungsreif" zwar auch eine mögliche Bedeutung von „fertig", aber nur am Ende einer Kette von mehreren „Fertig-Produkten" während des Klinikaufenthalts.

„Fertig" kann auch zunächst das Ergebnis einer Arbeitsgruppe sein, die ein Projekt bearbeitet hat. Dann bedeutet „fertig" ein Ergebnis, das umgesetzt werden kann und dann nach einer gewissen Zeit, z. B. nach 3 Monaten, wieder überprüft werden kann und auch muss, um es ggf. finezutunen.

4.9   Schätzmethoden

Schätzmethoden sind in der industriellen Welt des agilen Projektmanagements häufig, weil zumeist notwendig. Dabei wird immer relativ geschätzt, d. h. in Relation zu einer Referenzgröße. Diese muss allen, die am Schätzen beteiligt sind, gut bekannt sein. Im Vergleich zu dieser Referenzgröße kann dann geschätzt werden:

- die Komplexität und der Aufwand oder
- der (Geschäfts-)Wert.

Das Abschätzen von medizinischer Dringlichkeit erfolgt natürlich nach anderen Gesichtspunkten, siehe weiter oben. Jedoch kann aus der Abb. 4.9 gelernt werden, welche Einflüsse unterschiedliche Schätzmethoden haben können. Die Leserschaft möge einmal spielerisch versuchen, ein Problem zu lösen, z. B. die Entscheidung im Familienrat, wohin die nächste Urlaubsreise gehen soll bei gegebener Zeit und begrenztem Budget sowie mit unterschiedlichen Vorgaben wie Meer versus Gebirge. Die Kosten könnten z. B. mit „o. k., teuer, zu teuer", die Reisedauer mit T-Shirt-Größe (S, M, L) dargestellt werden usw.

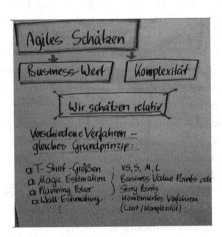

Abb. 4.9 Technik des Schätzens allgemein

Auf analoge Weise sind Folgen von medizinischen Entscheidungen für die Organisation eines Krankenhauses „durchspielbar"; beispielsweise könnte man für unterschiedliche Verweildauern oder Schweregrade in der Triage die Folgen für die Klinik abschätzen.

4.10   Bottleneck – der Engpass

Jeder kennt das Problem, dass für eine gegebene Situation zu wenig Personal, zu wenig OP-Kapazität, zu wenig sonstige Ressourcen zur Verfügung stehen. Wenn dies gelegentlich mal geschieht, eher zufällig, dann kann man das zwar mit seinen Folgen am Kanban-Board der Klinik ablesen, wird aber nicht notwendigerweise Konsequenzen ziehen müssen.

Wenn aber die Nachbereitung der Boards des letzten Quartals ergibt, dass solche Engpässe gehäuft vorkommen, kann man analysieren, worin ein solches Bottleneck begründet ist.

Ist es beispielsweise so, dass Freitag nachmittags immer besonders viele Patienten mit Verletzungen nach einem Fußballspiel kommen, aber gleichzeitig die Personaldecke im Ambulanz-OP zu diesem Zeitpunkt wegen des bevorstehenden Wochenendes ausgedünnt ist, so dass das vorhandene Personal überlastet ist, kann man durch eine Veränderung der Dienstpläne darauf reagieren. Wenn das jedoch nicht ausreicht oder nicht möglich ist, muss die Personalabteilung Lösungen erarbeiten, etwa mehr Personal einstellen. In der Folge hat dann die Krankenhausleitung dafür zu sorgen, dass das auch finanzierbar ist. Auf der Basis von harten Fakten hat sie allerdings auch zwingende Argumente, die Mehrkosten ins nächste Budget erfolgreich hinzuverhandeln. Wie auch immer die Lösung aussieht – sie kann auf der Basis harter Fakten und konkreter Zahlen erarbeitet werden. Ein weiterer Vorteil ist, dass der nächste Feedbackzeitpunkt die eingetretenen Folgen der Veränderung darstellen kann, so dass einfach und objektiv ablesbar ist, ob die erwirkte Veränderung ihren Zweck erfüllt hat, oder ob sie – im Gegenteil – eine „Verschlimmbesserung" bewirkte, also eine weitere Veränderung bzw. Verbesserung notwendig ist.

Ist ein Bottleneck trotz aller Bemühungen nicht zu beseitigen, muss die von ihm abhängige Organisationseinheit angepasst werden. Spätestens dann sieht man, ob es nicht doch sinnvoll gewesen wäre, mehr Ressourcen zur Beseitigung der Engstelle zur Verfügung zu stellen, um negative Folgen aller Art in anderen (ggf. auch entfernten) Bereichen zu verhindern. In Kap. 5 wird eine solche Problemweitergabe eines Bottlenecks vorgestellt.

Solche Bottlenecks lassen sich am Board erkennen (siehe Abb. 4.10).

Wenn hier auf den Tickets jeweils abgekürzt beispielsweise steht „1 A", dann bedeutet dies in der Praxis, dass ein Arzt seinen Magneten/seine Kennung auf das Patienten-Ticket gesetzt hat. Damit ist jederzeit erkennbar, wer vom Personal bei welchem Patienten ist. Auf dem hier gezeigten Board erkennbar ist beispielsweise, dass Pat 2 sehr viel Personal

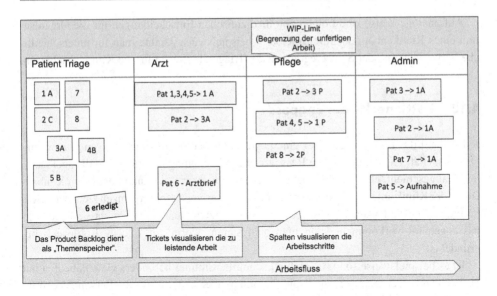

Abb. 4.10 Darstellung der Personalbedarfsrechnung auf Patienten bezogen (hier am Beispiel einer Ambulanz)

bindet, nämlich 3 Ärzte und 3 Pflegekräfte. Wenn das aber die Maximalbesetzung der Schicht sein sollte, haben die anderen Patienten ggf. stundenlang keine Chance auf Behandlung.

Das führt aber auch gleichzeitig zur Frage: Wie viele Patienten kann ein Arzt oder eine Pflegekraft parallel bearbeiten, sprich wie viele Magnete/Kennungen zur Markierung hat er? Auf diese Art lässt sich ganz einfach ein Limit pro Mitarbeiter verwirklichen und die Nutzung der vorhandenen Ressourcen mitverfolgen. Freie Kapazitäten kann man mit nicht einem Patienten zugeordneten „Vorratsspeicher" von Magneten erkennen.

Analoges ist zu erkennen bei Krankheitsausfall, siehe Abb. 4.11 (und Abb. 5.2 analog).

Dieses Board zeigt eine Ambulanz mit vier Räumen. Die Schicht ist geplant mit vier Mitarbeitern, davon einer Pflegeschülerin. Hier fällt die Schülerin aus, da sie krank ist. Häufig ist es so, dass aufgrund der knappen Personalressourcen aber hoher Arbeitsbelastung, (bereits erfahrenere) Pflegeschüler in den Dienstplan integriert werden. Ihr Ausfall muss also auch im Board berücksichtigt werden. Die Folgen lassen sich auch mittels einer Raumdarstellung per Swim-Lanes zeigen. In diesem Falle würde ein Raum komplett leer bleiben – so zeigt sich unmittelbar, dass ein Personalausfall auch Behandlungskapazität und damit Geld kostet. Mithin sollte dieser Ausfall seitens der Klinikleitung soweit möglich kompensiert werden.

Ferner zeigt die Abbildung, wie die Raumverfügung zwischen Theorie und Praxis schwankt. Von vier vorhandenen Ambulanzbehandlungsräumen stehen faktisch nur zwei Räume, also die Hälfte zur Patientenbetreuung zur Verfügung. Einmal zeigt sich der Krankheitsausfall der Schülerin, zum Zweiten aber, dass ein Raum vorübergehend ausfällt, weil er benutzt wurde und wieder gereinigt und mit Materialien aufgerüstet werden muss. Langfristig steht der Raum wieder zur Verfügung. Die zeitkostende Aufbereitung/

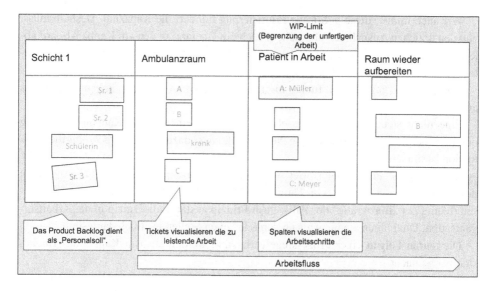

Abb. 4.11 Personalbedarfsdarstellung und ihre Konsequenzen

Vorbereitung hat jedoch Einfluss auf das WIP-Limit der Ambulanz mit allen entsprechenden Folgen bei gegebenem Patienten-Backlog (volles Wartezimmer).

4.11   Prozessregelverletzung

Welche Prozessregeln gibt es im Kanban?

Zunächst gibt es sog. „politische" Regeln. Gemeint ist, dass alle Hierarchieebenen des
Personals gleichwertig sind, auch wenn beispielsweise ein Chefarzt ranghöher ist als ein
Assistenzarzt. Nun hat dieser auch mehr klinische Erfahrung und macht deshalb kompli-
ziertere diagnostische bzw. operative Eingriffe.

Allerdings – bezüglich der Behandlungshierarchie von Patienten zählt allein die Priorisierung, die auch die gegebenen Verhältnisse zu berücksichtigen hat. Es ist außerdem weder sinnvoll noch richtig, die auf dem Papier geschriebene Personalkapazität für das gesamte Jahr anzunehmen, sondern nur für einen überschaubaren Zeitraum.

Jede Grippewelle, jeder Urlaub eines Familienvaters oder einer Mutter lassen das theoretisch gegebene Kapazitätslimit einer Klinik unmittelbar zusammenbrechen. Wenn dann
noch die „politische Priorisierung" in Chefarztpatienten (das müssen nicht sog. Privatpa-
tienten sein, sondern können auch schwierige Fälle sein, die dem erfahrenen Chefarzt aus
medizinischen Gründen vorbehalten bleiben) hinzukommt, sinkt das WIP-Limit drastisch,
da sich auch ein Chefarzt nicht teilen kann, ggf. also auf seine Verfügbarkeit gewartet
werden muss. Das mag an einem Tag damit zusammenhängen, dass beispielsweise erfahrene Oberärzte nicht zur Verfügung stehen, an einem anderen Tag aber mit der Bevorzu-
gung eines Chefarztpatienten.

Wie auch immer, diese politische Priorisierung mindert die Kapazität. Deshalb muss, von den üblichen Ausnahmen abgesehen, auch ein Chefarzt in den am Kanban-Board ablesbaren Organisationplan einer Klinik eingepasst werden. Dann kann er auch mal „warten" müssen, während er sich mit anderen Patienten oder „Bürokratie" beschäftigt.

Nur wenn das gegeben ist, funktioniert ein Kanban-Board als Leistungsoptimierer einerseits und Ressourcenschoner andererseits.

Eine nicht steuerbare Prozessregelverletzung, die einen guten Kanban-Plan völlig durcheinanderbringen kann, ist der echte Notfall, siehe dazu Abschn. 4.12. Nur diese Situation ist hinnehmbar.

Die „üblichen" Prozessregelverletzungen, die aber vermeidbar sind, sind Überbuchung des WIP-Limits, „vergessen" von Tätigkeiten, die auf dem Board dargestellt werden müssen (häufig bei „Bürokratie" der Fall); Push-Prinzip anstatt Pull-Prinzip in der Arbeitsorganisation. Die Folgen sind jeweils an den relevanten Stellen im Buch dargestellt.

Die teuren Folgen einer Prozessregelverletzung werden auch in Kap. 5 des Buches sichtbar gemacht.

4.12 Notfallprozess „als Bypass"

Wie bereits beschrieben, müssen Notfälle aller Art, also auch solche, die z. B. auf Station geschehen, dargestellt werden – beispielsweise ein gestürzter Patient der inneren Abteilung, der wegen seines Sturzes eine Fraktur erlitten hat und nun nicht weiter im internistischen Board geführt wird, bis seine Notsituation (ggf. incl. OP, Intensivstation etc.), behoben ist; er „rutscht" je nach Bedarf in ein Board der Ambulanz, des OPs etc. bis sein akutes Ereignis wieder „im Griff" ist und er zurückverlegt werden kann.

Wichtig dabei ist, dass dieser internistische Patient auch in das Backlog dieser Abteilung zurückkehrt, damit er nicht vergessen wird – z. B. in einer eigenen Unter-Spalte dort z. B. als „vorübergehend verlegt". Das kann durchaus mal der Fall sein, wenn ein solcher Patient vorübergehend auf eine z. B. unfallchirurgische Station verlegt werden muss.

Im Idealfall kann er dort parallel internistisch – immerhin der Hauptgrund seines Krankenhausaufenthalts – mitbetreut werden; meist wird er jedoch nach chirurgischem Therapieende zurückverlegt – und plötzlich fehlt ein Bett, wenn der Patient nicht die ganze Zeit im Backlog der internistischen Station mitgeführt worden ist.

Auch wenn eine Parallelbehandlung im gleichen Bett erfolgen kann, darf ein solcher Patient nicht übersehen werden – er muss mindestens auf dem Personal Kanban-Board des betreuenden (Ober-)Arztes stehen – ebenfalls, damit er eben nicht vergessen wird. Die „Verlegt"-Spalte verhindert das Vergessen ebenfalls.

Die Consiliartätigkeit hat schließlich Einfluss auf das WIP-Limit des (Ober-)Arztes, und damit auch wieder auf die von seiner Arbeitskraft abhängigen anderen Organisationsstellen im Haus bis hin zur Verwaltung, da auch ein (Ober-)Arzt sich nicht zweiteilen kann. Einfach auf die Gutmütigkeit zu setzen, mithin auf Überstunden, ist nämlich nicht korrekt. Auch das wird durch die Darstellung auf den Kanban-Boards verhindert. Es empfiehlt sich deshalb, dass diese Tätigkeit ebenfalls in einer eigenen Spalte – z. B. beim Oberarzt – dokumentiert wird.

Ein weiterer Weg, einen doppelt zu betreuenden Patienten im System darzustellen, ist, ihm eine eigene Swim-Lane zu öffnen. Sie hält ebenfalls fest, welche Zusatzressourcen die Tatsache, dass dieser Patient notfallmäßig zusatzbetreut werden muss, bindet – z. B. an Personal, an Kapazität – und ob ggf. eine nicht zulässige Überschreitung von Arbeitszeit etc. auftritt. Man kann unter Umständen auch alle „doppelt" betreuten Patienten in einem eigenen Board aufführen. Das lohnt aber nur, wenn das tatsächlich häufiger vorkommen sollte.

4.13 Flight Level

Sie werden sich bei der bisherigen Lektüre sicherlich schon manchmal gedacht haben: „Ein Kanban-Board ist ja schön und gut für eine Station, vielleicht auch für eine Abteilung, aber für die ganze Klinik? Wie soll das gehen?"

Die Antwort heißt – mittels Kanban.

Kanban-Boards sind in der Lage, sowohl „vor Ort", heißt bei der Diagnostik eines Patienten, wie auch übergreifend für eine Abteilung und sogar für eine ganze Klinik zu wirken. Dieser scheinbare Widerspruch wird mithilfe von unterschiedlichen Board-Ebenen gelöst (Leopold und Kaltenecker 2018) Man nennt dies unterschiedliche „Flight-Level".

Der Begriff „Flight Level" hat sich in der Kanban-Welt etabliert und ist bewusst gewählt: Auch im Flugbetrieb (bei Flugzeugen etc.) gibt es verschiedene Flughöhen. Je tiefer man fliegt, desto mehr Details sind erkennbar, je höher man fliegt, desto besser ist der (Gesamt-) Überblick. Dann gibt es noch entsprechende „Flugobjekte", also die Dinge, die auf einem Board visualisiert werden. Und es gibt die Flugrouten, die diese Flugobjekte zugeteilt bekommen. Ähnlich können wir diese „Flughöhen" in Kanban über die Flight Level abbilden.

Gleich noch ein Wort zu möglichen Einwänden: Es gibt drei Level im Krankenhaus:

1. Patient[3]
2. Abteilung
3. Klinik

Für die Flight Level werden also nicht nur die Boards auf den verschiedenen Ebenen, den Flight Levels, definiert, sondern auch die „Routen", die die „Flugobjekte" (beispielsweise Patienten) nehmen. Dabei zeigt die unterste Ebene, beispielsweise das Board der Station, die meisten Details. Die oberste Ebene der Klinik gibt ein aggregiertes Bild ab. Dabei können die Ebenen, die Flugobjekte und die Flugrouten in verschiedenen Häusern durchaus unterschiedlich definiert werden. Die hier in den Abbildungen angegebenen Level stellen daher nur ein Beispiel dar.

Denken Sie bitte immer an das Kanban-Prinzip, dass von einem Ist-Zustand ausgegangen werden soll. Erst dann wird im Rahmen einer kontinuierlichen Verbesserung Schritt

---

[3] Gemeint ist hier der Patient als „Bewohner" einer Station. Man könnte hier allerdings auch „Station" als Ebene 1 aufführen.

für Schritt geändert. Kanban erhebt nie den Anspruch, dass der erste Entwurf der Flight Levels bereits einen idealen und perfekten „Wurf" darstellen muss!

Nun ist es so, dass Level 1 (z. B. Patient) sowohl einen einzelnen Arzt (z. B. Stationsarzt) haben kann, aber auch ein ganzes OP-Team, quasi Level 1a. Analog gilt dies für den Chefarzt einer Abteilung, wenn er strategisch für die Zukunft planen muss; dann nimmt er Aufgaben wahr, die nicht originär Level 2 sind, sondern darüber hinausgehen, also quasi Level 2a. Jedoch – wenn man sich diese Sonderfunktionen näher anschaut, enthalten auch sie bereits wieder Teile der Nachbar-Flight-Level; es gibt also immer Überschneidungen, die zu verbalisieren und zu bearbeiten sind. Deshalb gibt es die 1a- bzw. 2a-Level in praxi nicht. Wenn solche übergreifenden Aufgaben zu lösen sind, dann wird auf der Ebene, auf der sie entstehen, ein eigenes Board eröffnet, das dann mit seinem Ergebnis einem Level zugeordnet und dort integriert wird. So kann sogar ggf. ein Level-1-Problem direkt in Level-3 berichten. Die Kanban-Systematik ist also flexibel, wenn – und das ist essentiell – die Benutzer auf allen Ebenen flexibel, also agil im eigentlichen Sinne sind. Strategien aus der Ebene der Klinikleitung können dann auf ihre Machbarkeit überprüft werden, ebenso geht das auch aus der Ebene der Abteilungen. Sogar aus der Patientensicht wäre dies prinzipiell denkbar, auch wenn das in praxi nicht vorkommen dürfte – aber theoretisch könnten z. B. gebärfähige Frauen aus einer ländlichen Gegend, in der eine geburtshilfliche Abteilung geschlossen werden soll, ein Bürgerbegehren in Gang setzen, um eben diese Klinikabteilung weiter aufrecht zu erhalten. Alle diese strategischen Ansätze ließen sich auf Machbarkeit, Aufwand, Kosten etc. mittels der auf den verschiedenen Flight-Level zu erarbeitenden Boards auf Sinnhaftigkeit prüfen. Dadurch ergibt sich dann eine sachliche Argumentations- und Entscheidungsbasis.

Hier nun zur Flight-Level-Systematik, gezeigt anhand einer Beispielklinik mit vier 4 Abteilungen (siehe Abb. 4.12)

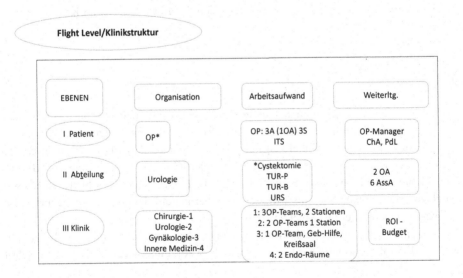

Abb. 4.12 Klinikübersichts-Board anhand von „Flight-Level"

Da das aber eine unübersichtliche, viel zu grobe Darstellung ist, wird auf der Flight-Level-Ebene pro Ebene ein Board geführt. Das ist dann handhabbar.

Anhand dieses Beispieltags der Beispielklinik werden nachfolgend mögliche Prozesse exemplarisch vorgestellt.

N1: Strategieüberlegung der Geschäftsleitung (Ebene III)

Beispielszenario

Um den Umsatz einer Klinik zu erhöhen, könnte man in der Geschäftsführung auf die Idee kommen, die ertragsträchtigen Cystektomie-Operationen zu steigern. Eine erste Anfrage beim Chefarzt der Urologie ergibt, dass er daran interessiert ist. Nun geht es in die Machbarkeitsanalyse auf Ebene II:

Mittels eines Boards – sollte eigentlich vorhanden sein – lässt sich der gegenwärtige Zustand der Abteilung prüfen. Die beiden Grundpfeiler sind dabei der vorhandene Personalstamm der Abteilung und ihre Auslastung.

- Personalstamm: die Abteilung hat derzeit 2 Oberärzte. Diese sind qualifiziert, Cystektomien durchzuführen.
- Personalauslastung: Eine Cystektomie kann nur mit hohem Zeitbedarf (ca. 6 Std.) durch ein OP-Team von 3 Ärzten, einer davon Oberarzt, durchgeführt werden.
- Das sich daraus ergebende WIP-Limit für Cystektomien liegt also bei 1 innerhalb einer 8-Stundenschicht.

Konsequenzen aus diesen Tatsachen: – wie die Abteilungsübersicht zeigt, hat die Abteilung zwei OP-Teams, wovon das andere Team die übrigen OP-Aufgaben in der Zeit der Cystektomie abarbeitet. Dafür benötigt es an diesem Tag etwa 4–5 Std., das heißt, das WIP-Limit des zweiten OP-Saals ist nicht ausgeschöpft. Die sicher übrige Zeit von 3 Std. reicht aber nicht für eine weitere Cystektomie. Allgemein sind Cystektomien jedoch auch in großen Kliniken nicht sehr häufige Eingriffe.

Eine Ausweitung der Cystektomie-Zahlen hängt von folgenden Faktoren ab: Patientenaufkommen (seriöse Indikationsstellung vorausgesetzt); OP-Kapazität der Klinik; Personalkapazität.

Daraus entstehen folgende Fragestellungen:

- Wie hoch ist das realistische Patientenaufkommen für diesen Eingriff?
- Hat der Zentral-OP des Hauses genügend Reserven für einen solch komplexen Eingriff?
- Reicht der Personalstamm aus?
- Reicht die Kapazität der Nachversorgung aus?
- Welche sonstigen Bedingungen sind noch zu erfüllen vor einer etwaigen Kapazitätsaufstockung?

Diese Fragen sind nicht von einer Stelle im Haus beantwortbar.

Dazu bedarf es einerseits des Blicks der Gesamtklinik – OP-Reserven? , der PdL – ITS – Kapazität und, Schwesternkapazität, des OP-Managers – ausreichende Saalkapazitäten, der Personalabteilung etc. Mithin sind verschiedene Level erforderlich, die zusammenwirken müssen. Sogar Level I, also die Patientenebene gilt es zu beachten – wären Patienten bereit, dieses Krankenhaus zum Eingriff aufzusuchen oder gingen sie lieber in die weiter entfernte Uniklinik? Das wäre dort zwar formal am Board unsichtbar – aber wenn im Backlog keine Cystektomiepatienten stehen, weil sie bevorzugen, nach Indikationsstellung in die Uniklinik zu wechseln, dann fehlt die Planungsbasis indirekt.

N2: *Strategieüberlegung der Gynäkologie (Ebene II)*

Diese sind an dem Board-Beispiel (Abb. 4.16) zu sehen. Zu Recht wird das Potential erkannt, aber die Erstellungskosten (Baukosten z. B.) und die Folgekosten (Personalkosten vor allem) müssen dann in einer Arbeitsgruppe durchgeprüft werden – unter Verwendung eines entsprechenden Kanban-Boards.

Beispielklinik

Ein Beispielszenario ist hier anhand einer Kombination aus sog. Dashboard (übergreifender Level) und daraus erwachsenden Kanban-Boards dargestellt. Man sieht hier sowohl die oberste Verwaltungs-/Klinik-Ebene, die drei Flight Level kennt, dann die zweite Ebene der einzelnen Abteilungen mit ihren Untereinheiten wie Station, OP, Ambulanz etc., eben nach Fachgebietserfordernissen. Zum Schluss werden die notwendigen Arbeitsgruppen aus den Abteilungen heraus gebildet; sie arbeiten die Aufgaben aus dem zweiten Level ab, indem sie einerseits ein Kanban-Board erstellen, andererseits aber auch zur Mitwirkung an diesem Board andere notwendige Beteiligte einladen. Diese können direkt oder bei hoher Komplexität auch nach Erstellung eines eigenen Boards zuarbeiten, wobei sie vollen Zugang zu allen Boards haben.

Zunächst sieht man das Flight-Level-Bild. Schon anhand dieser groben Übersicht sind eine Problemabteilung, aber auch eine Abteilung mit vermutlichem Entwicklungspotential abzulesen (siehe Abb. 4.13).

Wenn man sich nun in einem etwas niedrigeren Flight Level die einzelnen Abteilungen anschaut, kann man mehr Einzelheiten erkennen. Die Innere Abteilung, die auf dem obersten Level erst einmal unkritisch aussah, hat doch zwei Bereiche, die anzuschauen sich lohnen dürfte (Abb. 4.14).

Die Chirurgie war schon zu Beginn als Bereich mit Problemen erkannt worden; hier nun zeigen sich mehr Details (Abb. 4.15).

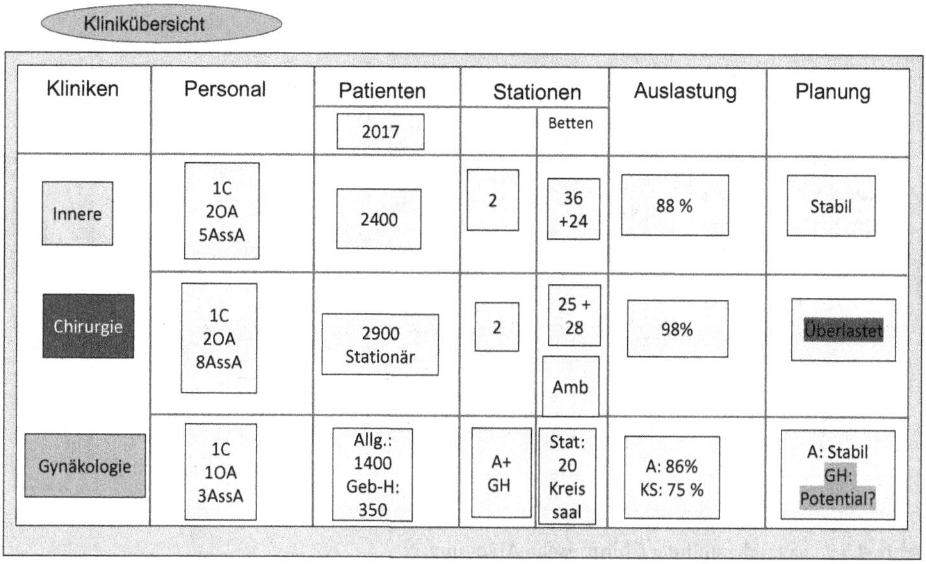

Klinikübersicht

Kliniken	Personal	Patienten		Stationen		Auslastung	Planung
		2017			Betten		
Innere	1C 2OA 5AssA	2400		2	36 +24	88 %	Stabil
Chirurgie	1C 2OA 8AssA	2900 Stationär		2	25 + 28 / Amb	98%	Überlastet
Gynäkologie	1C 1OA 3AssA	Allg.: 1400 Geb-H: 350		A+ GH	Stat: 20 Kreis saal	A: 86% KS: 75 %	A: Stabil GH: Potential?

Abb. 4.13 Klinikübersicht und Rückschlüsse

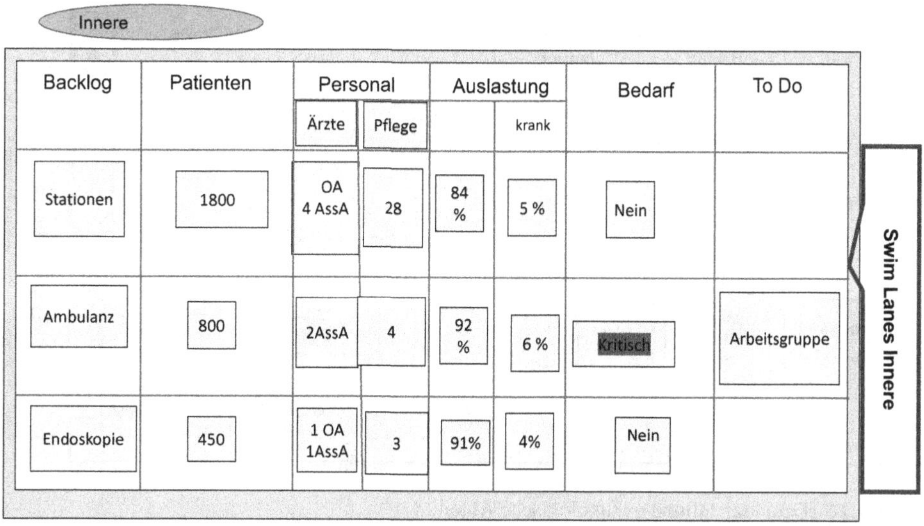

Innere

Backlog	Patienten	Personal		Auslastung		Bedarf	To Do
		Ärzte	Pflege		krank		
Stationen	1800	OA 4 AssA	28	84 %	5 %	Nein	
Ambulanz	800	2AssA	4	92 %	6 %	Kritisch	Arbeitsgruppe
Endoskopie	450	1 OA 1AssA	3	91%	4%	Nein	

Swim Lanes Innere

Abb. 4.14 Detaildarstellung „Innere Abteilung"

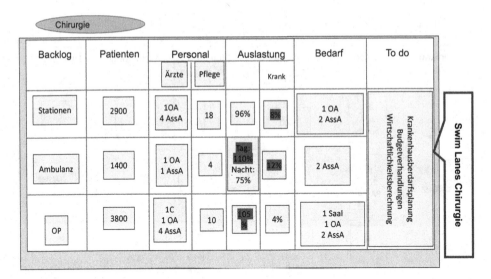

Abb. 4.15 Detaildarstellung Chirurgische Abteilung

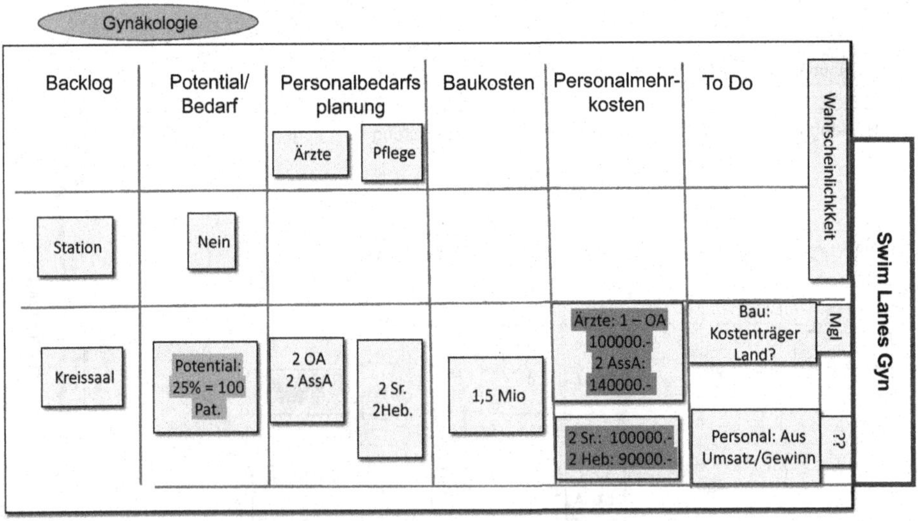

Abb. 4.16 Detaildarstellung gynäkologische Abteilung

Die Konsequenzen für die Gynäkologie (Abb. 4.16) zeigen sich an der To-Do-Spalte, die also hier nicht „fertig" ist i. e. S., sondern das Backlog für eine Wirtschaftlichkeitsanalyse darstellt. Diese kann konventionell, aber auch mittels Kanban-Board, ggf. auch per Scrum erfolgen. Die Mehrkosten müssen nämlich gegengerechnet werden. Das ist dann Arbeit der Klinikleitung, die im allgemeinen Kanban-System des Hauses nicht mehr erscheint.

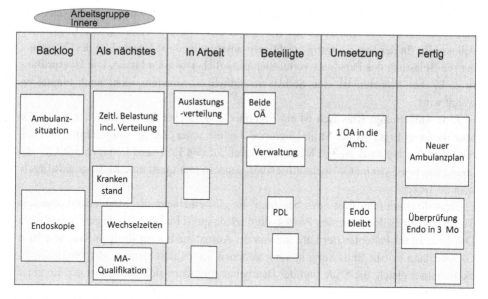

Abb. 4.17 Abgeleitetes Board für eine Arbeitsgruppe „Innere Abteilung"

Aus den vorgenannten Beispiel-Boards ergibt sich, dass vor allem Innere Abteilung und Chirurgie eine Detailanalyse brauchen. Auch hierzu eignen sich Kanban-Boards, siehe Abb. 4.17.

Man sieht, dass die letzte Spalte aus den Abteilungs-Boards zum Backlog-Register für die Arbeit vor Ort geworden ist, *z. B. bleibt die Endoskopie zunächst unverändert, wird aber in drei Monaten wieder überprüft werden, ob sich ggf. die Änderung im Ambulanzplan überraschend positiv(?) auf die Endoskopie ausgewirkt hat.* Die Struktur der Arbeit ist klar, die notwendigen Diskussionen können – bei Bedarf – an kleinen Unterboards erfolgen.

Dies sind genau die Überlegungen, die bei der Festlegung der „Flugobjekte" und der „Flugrouten" anzustellen sind:

- Welche Arbeit wird in Form von Tickets auf welchen Boards visualisiert? Das sind die „Flugobjekte".
- Wie ist dabei der Zusammenhang der Boards auf den verschiedenen Ebenen? Das sind die „Flugrouten", die die Flugobjekte nehmen können.

Im Übersichts-Board der Chirurgie fällt auf, dass der Krankenstand in zwei Organisationseinheiten überdurchschnittlich hoch ist, wohingegen ein Bereich, der klassisch eine hohe Arbeitsbelastung aufweist, nämlich der OP, einen unterdurchschnittlichen Krankenstand hat. Das zeigt, dass nicht automatisch viel Arbeit krank macht, sondern auch eine schlechte Organisation, ein schlechtes Arbeitsklima. Diesem Phänomen versucht das

Kanban-Board der Arbeitsgruppe aus der Chirurgie zu erfassen – und holt sich dabei andere Spezialisten aus dem Haus ins Boot, was dann zur Einschaltung des Betriebsrats Anlass gibt. In der Spalte „fertig" sieht man anschließend die Ergebnisse des Prozesses, die die Belastung des Personals vermutlich erträglicher werden lassen. Die Überprüfung in z. B. drei Monaten ist eine Selbstverständlichkeit, die hier nicht noch einmal erwähnt wird.

Eine Anmerkung: Klassisch ist ein Ergebnis kein „Ticket" im eigentlichen Sinne. Da aber das erste Ergebnis der Strategiegruppe die hier unter „fertig" aufgeführte Entscheidung ist, die aber in z. B. 3–6 Monaten wieder auf den Prüfstand kommen wird, ist die „reine Kanban-Systematik" nicht umsetzbar, sondern hier quasi eine Melange aus Ergebnis und Ticket.

Deshalb muss man folgendes beachten: Es gibt einerseits die Möglichkeit, dass ein Ticket sich durch den gesamten Prozess durchzieht, quasi im Board durchgeschoben wird. Das ist z. B. bei Patienten der Fall, die von der Aufnahme bis zur fertigen Diagnose bzw. OP und dann bis zur Entlassung in verschiedenen Stufen durchlaufen, also bleibt die Ticketnummer gleich, die Stufe und der Bearbeiter verändern sich, jedoch ist das Ergebnis immer neu, denn jeder Patient hat seine eigene Diagnose. Andererseits gibt es die Möglichkeit, dass der gleiche Prozess immer wieder zu Veränderungen führt, die dann nach einer gewissen Zeit wieder zum Anfang eines neuen Zyklus wird. Hier bleibt das Ticket auch gleich, verändert aber sein Stadium. Der Ablauf ist immer der gleiche, aber der Entwicklungszustand nimmt zu – typisch PDCA (siehe Abb. 4.18).

Die Boards sehen folglich unterschiedlich aus.

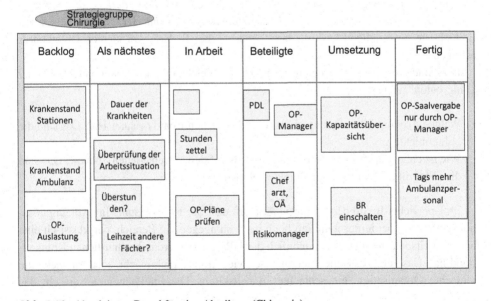

Abb. 4.18 Abgeleitetes Board für eine Abteilung (Chirurgie)

Die Flight-Level-Struktur ist also auch geeignet, Zukunftsplanungen und Ideen auf Sinnhaftigkeit und Machbarkeit durchzuspielen, indem die Auswirkungen „auf das übrige Haus" sichtbar gemacht werden können. So vermeidet man auf kostengünstige Weise teure Fehlentscheidungen, weil man – ohne den „Ernstfall" der Umsetzung abwarten zu müssen – grobe Schnitzer einer Idee sofort erkennen kann – z. B. indem das (aus welchen Gründen auch immer) vorhandene WIP-Limit die schöne Planungsidee ad absurdum führt oder dazu Anlass gibt, ganz andere Ideen zu entwickeln, damit das System funktionieren kann.

4.14   Projektmanagement für Sonderfälle wie Großprojekte – Ein kleiner Ausflug in Scrum

Dieses Buch handelt von agilem Prozessmanagement mittels Kanban, warum also eine kurze Scrum-Darstellung?

Das hat mehrere Gründe – zum einen, weil es Situationen und Aufgaben gibt, die nur mittels Scrum-Technik sinnvoll gelöst werden können – im Krankenhaus ist dafür ein klassisches Beispiel der Neubau eines OP-Takts. Zum anderen soll diese Scrum-Übersicht verständlich machen, wie Scrum arbeitet und warum es nicht für den Alltag in einer Klinik tauglich ist.

Scrum wurde für die agile Softwareentwicklung erdacht, kann aber für alle zielgerichteten Projekte, die eine gleichmäßige Steuerung brauchen, eingesetzt werden. Es gibt einige wichtige, wenn auch insgesamt wenige Regeln, für die ein sogenannter Scrum-Guide entwickelt wurde (siehe Abb. 3.1).

Das Prinzip von Scrum ist iterativ, inkrementell und auch empirisch. Dies hat mit dem Umstand zu tun, dass Projekte, die es zu verwirklichen gilt, zu komplex sind, um von Anfang an komplett durchdacht werden zu können. Das heißt, die Schritte, die man überblicken kann, sind das Gerüst. Viele solcher Schritte hintereinander gereiht, ergeben dann das Gesamtprojekt bzw. seine Planung. Da zu Beginn nicht bekannt ist, welche aufkommenden Probleme und Aufgaben im Laufe der Zeit zu lösen sind, muss man darauf flexibel reagieren können – mithin ist Scrum eine agile Prozessmanagementmethode.

Inkrementell, iterativ, empirisch – das ist die Beschreibung der einzelnen Prozessschritte. Die Zeit wird in Intervalle unterteilt. Das jeweilige Intervall wird in der Scrum-Sprache „Sprint" genannt. Die Intervalle sind dabei immer gleich lang. Sie werden wie kleine Projekte geplant, die anstehenden Arbeiten durchgeführt, zu einem Ergebnis zusammengeführt und „präsentiert". Im Anschluss an die Präsentation findet direkt ein „Lessons learned" statt. Von den dabei gewonnenen Erfahrungswerten profitieren die nachfolgenden Sprints.

Da die Intervalle – die Sprints – immer gleich ablaufen, sich also nicht die Methode, wohl aber die jeweils zu bearbeitenden Inhalte ändern bzw. weiterentwickeln, erinnert diese Methode an das Vorgehen beim PDCA-Zyklus (Plan-Do-Check-Act-Zyklus). Auf das Ende eines Zyklus folgt direkt der nächste ohne Pause dazwischen.

Auch beim Scrum stehen alle anstehenden Arbeiten im sogenannten Product Backlog. Dies ist eine „Wunschliste" und kann in der Reihenfolge und bei den Inhalten fortlaufend angepasst werden. Zu Beginn eines Sprints erfolgt eine Sprint-Planung. Dabei wird überlegt, welche Arbeiten aus dem sogenannten Product Backlog im Rahmen des Sprints umgesetzt werden können. Dadurch wird für den laufenden Sprint die To-do-Liste festgelegt, das sog. Sprint Backlog. Anders als in der IT, in der möglichst für den Kunden nutzbare Sprint-Ergebnisse auf dem Weg zum Endprodukt entwickelt werden sollen, ist das im Krankenhaus so i. d. R. nicht möglich. Ein neuer OP ist erst dann fertig und nutzbar, wenn er technisch fertig und behördlich abgenommen ist. Dennoch sollte die Arbeit eines solchen Projektes so unterteilt werden, dass am Ende eines Sprints ein Teilergebnis vorliegt, das man diskutieren kann, um daraus zu lernen und eventuell notwendige Anpassungen vornehmen zu können.

Dabei empfehlen sich täglich sog. Stand-up-Meetings, in Scrum als Daily Scrum bezeichnet. Diese Meetings von begrenzter Dauer, idealerweise eine Viertel Stunde, erfolgen zu Beginn jedes Arbeitstages und dienen der gegenseitigen Information, Transparenz („hier stehen wir, das müssen wir noch machen") und der Synchronisation, damit kein Team durch einsam vor sich hin arbeitende Mitglieder gebildet wird, sondern wirklich ein Team ist. Wenn anstehende Probleme diskutiert werden müssen oder Ähnliches, dann erfolgt dies im Anschluss an das Stand-up-Meeting.

Aufpassen muss man bei diesem Teamprozess jedoch, dass es Menschen unterschiedlicher Charaktere gibt; solche, die extrovertiert sind und – z. T. laut – arbeiten und dazu neigen, nur deshalb als „Leader" zu fungieren, und solche, die introvertiert sind, mithin zu den „Stillen" gehören, die in Ruhe etwas durchdenken und dann lösen wollen und auch können. Deren speziellen Input kann/muss man auch und mittels eines Kanban-Boards sichtbar machen. Genau deshalb sind die Meetings wichtig – sie müssen moderiert werden, um alle zu Wort kommen zu lassen, nicht nur die Lauten.

Vgl. zu der Problematik von lauten Teamplayern und leisen, kreativen Denkern Bund und Rohwetter (2019). Ebenso siehe diesbezüglich LSP in Kap. 2

Auch wenn anfangs in der Tat die Mitarbeiter eines Projekts gemeinsam an einer großen Tafel standen, kann dies, entsprechend geeignete Software vorausgesetzt, auch am Konferenztisch sitzend erledigt werden. Jedoch – strikt bleibt die Verpflichtung des regelmäßigen Treffens einschließlich der Verpflichtung der gegenseitigen Information.

Am Ende eines Sprints gibt es zwei Meetings:

1. Den Sprint Review – die Demo und Diskussion des Ergebnisses des Sprints. Dabei sind neben dem Projektteam auch wichtige Stakeholder anwesend.
2. Die Sprint Retrospektive – Zusätzlich bewertet sich das Team selbst, also wie es mit der Aufgabenstellung umgegangen ist, welche Probleme es ggf. gegeben hatte. Dieses

Meeting fördert zum einen die Zusammenarbeit im Team und dient zum anderen der kontinuierlichen Verbesserung der Prozesse im Projekt: wie gut war die Planung, welche Werkzeuge werden genutzt etc.

Dieses Prinzip der Projektbearbeitung braucht – hier ist Scrum ziemlich starr – ein paar Regeln:

- Rollen: Product Owner + Entwicklungsteams + Scrum Master
- Der Stakeholder ist ebenfalls festzulegen; es ist nicht nur der äußere Kunde, sondern dazu gehören auch „innere Kunden" wie Anwender
- Die „Definition of done" (=Fertig) muss zu Beginn der Arbeit erfolgen (vergl. Kanban-Regeln): Was bedeutet „Fertig" in einem Sprint oder im Projekt? Was gehört alles dazu wie beispielsweise das Ablegen von Arbeitsergebnissen in einer Datenbank.
- Die „Definition of Ready": Welche vorbereitende Arbeit muss geleistet worden sein, damit die To Do's aus dem Product Backlog im Rahmen des Sprints umgesetzt werden können?
- Das Aufgabenheft konventioneller Projektplanung wird bei Scrum zum Product Backlog. Es ist aber ein dynamisches Konzept: neue Arbeiten können hinzukommen, andere wieder herausgenommen werden etc. Hier können sich die gewonnenen Erkenntnisse aus den Sprint Reviews niederschlagen oder neue Tendenzen von Markt etc.
- Die einzelnen Aufgaben im Product Backlog werden häufig als User Stories bezeichnet. Sie legen die Anforderungen fest, beschreiben sie aber nicht bis ins letzte Detail.

Weitere Details lese man im „Scrum-Guide"nach (Schwaber und Sutherland 2017); vor allem aber empfehle ich, an Scrum-Schulungen teilzunehmen, die aus dieser hier kurz vorgestellten Methode ein für das eigene Projekt nutzbare Ablaufsystematik und praktische Arbeitsmethodik machen, die erfolgreich einsetzbar ist. In diesem Buch wird bewusst nicht weiter darauf eingegangen.

Da Scrum aber aufgrund seiner strikten Taktung der Sprints für ein sich täglich, z. T. stündlich änderndes Krankenhaus zu starr ist, findet es für das täglich agile Prozessmanagement eines Krankenhauses keine Anwendung. Es lohnt sich dennoch, sich kurz damit zu befassen, da die eine oder andere Idee auch bei sonst klassischer Kanban-Systematik übernommen werden kann, z. B. die regelmäßigen Meetings.

4.15 Qualitätsmanagement erleichtern mit Kanban

Qualitätsmanagement ist bekannt – und ungeliebt, bindet es doch Arbeitszeit, die der Patientenversorgung verloren geht. Dennoch ist es wichtig, nicht nur aus rechtlichen Gründen (z. B. § 137 SGB V), sondern auch, um zu lernen, wo die eigene Organisation nicht so gut ist, sich also anstrengen muss, besser zu werden.

Das Dilemma, dass der Zeitaufwand für QM-Maßnahmen aller Art von der Zeit für die Patientenversorgung abgezweigt werden muss – die Alternative wären Überstunden, was aber auf Dauer ebenfalls gesetzlichen (Arbeitszeitgesetz) und tarifvertraglichen Regelungen widerspricht-, verlangt geradezu danach, dass solche Qualitätskriterien möglichst aufwandsarm bearbeitet werden müssen. Ein Kanban-Board, bzw. besser, das gesamte Kanban-System einer Klinik, kann hier helfen, diesen Aufwand zu minimieren, da Routinedaten auch unter anderen Gesichtspunkten ausgewertet werden können. Gleichzeitig ist es zwingend, dass solche QM-Arbeitszeiten in den Boards entsprechend erscheinen – immerhin binden sie Arbeitskraft.

Ein Beispiel ist die Verweildauer für eine bestimmte Diagnose, eine bestimmte operative Maßnahme. Es gibt bekannte Benchmarks hierfür, vor allem, seit es das DRG-System gibt.

Unter dem Blickwinkel des QM gibt es in Kanban zwei Stellschrauben:

- Die Gestaltung der Boards an sich
- Die Gestaltung der Tickets mit den darauf erfassten Daten, wie z. B. Zeiten.

Sicher, gute oder schlechte Arbeit sind auf dem Kanban-Board nicht unmittelbar ablesbar. Jedoch kann man z. B. an der Verweildauerüberschreitung zunächst einmal einen „Sonderfall" erkennen. „Sonderfall" kann dabei zweierlei bedeuten: Einmal kann es sich um einen besonderen Fall handeln, der aufgrund seiner medizinischen Gegebenheiten anders verlaufen ist als die Masse der Patienten mit gleicher Diagnose; dann ist das jedoch kein Zeichen mangelnder Qualität. Dennoch kann bei der Aufarbeitung dieses Sonderfalles in einer Ärztekonferenz ggf. Lernpotential gehoben werden.

„Sonderfall" kann aber auch bedeuten: Etwas ist nicht gut gelaufen, vielleicht sogar schief gegangen und musste (zeit-)aufwendig korrigiert werden. Hier hat man ein Qualitätsproblem vorliegen, aus dem man ebenfalls lernen kann und muss.

In den Kliniken meines früheren Arbeitgebers hat diese aufwandsarme Filterung nach Sonderfällen anhand von „Krankenkassendaten" dafür gesorgt, dass medizinisch relevante Qualitätsprobleme gefunden wurden, die dann gezielt abgestellt werden konnten; auch das ließ sich schließlich in der Folgeprüfung anhand der Routinedaten ablesen.

Kanban kann man in analoger Weise „lesen". Bottlenecks sind verdächtig auf Qualitäts- und Personalprobleme.

Sicher, diese Auffälligkeit von Routinedaten im Verlauf und gegen die Benchmark müssen durch den QMB (Qualitätsmanagementbeauftragter) und sein Team individuell aufgeklärt und aufgearbeitet werden. Aber diese Arbeit kann gezielt anhand der erkennbaren „Auffälligkeiten" von Kanban-Boards erfolgen, anstatt Datenfriedhöfe durch – teilweise nutzlose – Aufzählungen von vielen Messparametern zu erzeugen, die unnötigerweise Manpower bindet und den Patienten nicht wirklich helfen.

Ein weiterer, sehr wichtiger Punkt ist, dass Kanban-Boards für die gesamte Klinik einsehbar sind. Selbst wenn einer Abteilung ein Qualitätsproblem nicht auffallen mag (typische Betriebsblindheit) – anderen (Abteilungen) fällt es auf. Da regelmäßige Feedbacksitzungen zwingend zur Kanban-Systematik gehören, siehe Kap. 2, kann an dieser Stelle das Qualitätsproblem besprochen, dann angegangen und beseitigt werden. Auch wenn man es so nicht bezeichnet – dieses Vorgehen folgt der Idee und Umsetzung des klassischen PDCA-Zyklus von Deming.

„Plan and Do" sind Teil der täglichen Arbeit. Insofern sind sie im Board nicht explizit erwähnt, zumindest nicht offensichtlich. Das WIP-Limit allerdings ist der Spiegel der Planung. Das „Do" als Tun ist die Abarbeitung des Backlog. „Check" findet sich wieder in der Überprüfung von Auffälligkeiten der Routinedaten, die dann im Feedback besprochen werden, um daraus eine z. B. Organisationsänderung als „Act" folgen zu lassen.

4.16 Workflowmanagement insgesamt

Prinzipiell ist Kanban ein Workflowmanagementsystem, das transparent ist. Als solches wird es in der täglichen Arbeit allerdings nicht wirklich bewusst. Es gibt zwei Situationen, in denen ein gezieltes Workflowmanagement aktiv – und konstituierend – erfolgen muss:

Erstens bei der Grundaufsetzung eines Kanban Boards und zweitens wenn Handlungsbedarf in einer Feedback-Sitzung erkannt wird.

Die Situation einer Organisation, einerseits der Klinik als Ganzes, aber andererseits auch einer Funktionseinheit wie Station, OP, Abteilung etc., muss vor Beginn der Arbeit mit Kanban analysiert werden. Aus diesen Analysedaten wird dann das zu erstellende Kanban-Board gestaltet – je nach den spezifischen Gegebenheiten als Grundsystem (Abb. 4.1), als System mit Swim-Lanes (Abb. 4.7), als Portfoliodarstellung mit sog Flight-Level (Abb. 4.12) etc.

Entscheidend ist die vermutlich passende Festlegung des WIP-Limits, denn davon sind Personalplanung, Patientenplanung, Bettenplanung, Einkaufsplanung abhängig.

Wenn ein Kanban-System erstmals aufgesetzt wird, wird es mit hoher Wahrscheinlichkeit an dieser Stelle Probleme geben. Es wird unproduktiven Leerlauf geben, wenn das WIP-Limit zu vorsichtig gewählt wurde; es wird Überstunden geben, wenn das WIP-Limit zu optimistisch festgelegt wurde. Beides ist natürlich unerwünscht und kostet letztlich Geld. Aber das sind Anfangsprobleme, die durch kurzfristige Feedbacksitzungen, zu Beginn der Board-Einführung engmaschig angesetzt, rasch erkannt und beseitigt werden können. Selbst wenn die Korrektur nicht gleich den „großen Wurf" bringen wird, schärft man die Vorgaben nochmals nach bis die Abteilung, bis die Klinik reibungslos im Routinebetrieb laufen. Erfahrungsgemäß dauert diese Einführungsphase etwa ein halbes Jahr. Auch danach wird es zwar immer wieder Nachbesserungen geben. Sie sind aber Teil des bekannte Ablaufs eines PDCA-Zyklus.

Aufpassen muss man in dieser Einführungsphase, dass man „Systemstörungen", also Notfälle, als solche erkennt und nicht fälschlicherweise als suboptimales System bewertet. Auch dies muss man lernen, wodurch die geschilderten Anfangsprobleme ebenfalls bedingt sind.

Tröstlich ist, dass man in dieser Einführungsphase immer schneller und routinierter im Führen und Pflegen eines Kanban-Boards wird, so dass es nach und nach als selbstverständlich eingesetzt und quasi submental genutzt werden kann.

4.17 Vorstellung einiger IT-Tools für Kanban-Nutzung (Beispiele) Meistertask, Planner

Empfehlenswert ist zu Beginn ein händisches Board mit Klebezetteln zu verwenden und an einem beschriftbaren White-Board zu arbeiten. Das kann dann zur Dokumentation immer wieder abfotografiert werden. Je geübter alle Beteiligten werden, desto eher wird eine IT-Lösung notwendig, damit auch andere als die Kerngruppe der Beginner Zugriff auf die Boards hat. Aus Erfahrung ist die Einführung eines neuen IT-Programms mit der Überwindung einer Hemmschwelle bei den Mitarbeitern verbunden, schließlich sind die Nutzer als „Krankenschwester" oder „Arzt" ausgebildet, nicht als IT-Spezialisten. Die IT muss sich hier bei der Einführung als Dienstleister begreifen. Ein Coaching ist zwar primär relativ teuer, lohnt sich aber letztlich, weil Fehler vermieden werden, die auf Dauer noch mehr Geld kosten. Vermieden werden sollte ein Learning-by-doing. Das geht meist schief bzw. führt zu suboptimalen, damit dauerhaft teuren Abläufen.

Aber auch bei einer prinzipiell vollständigen IT-Lösung ist es hilfreich, die Endergebnisse (zumindestens ergänzend) auf einem großen haptischen Board – z. B. im Konferenzraum – darzustellen. Für uns Menschen ist es nämlich nicht selten leichter, einen großen Überblick zu bekommen, wenn etwas „greifbar" vor uns liegt anstatt das Gleiche auf einem Bildschirm zu sehen.

Es gibt inzwischen eine ganze Reihe von Softwareprogrammen zu Kanban – hier soll lediglich auf leicht handhabbare hingewiesen werden bzw. auf solche, die der Autor aus eigener Nutzung kennt:

Basierend auf der Idee von „Meistertask", eine Software der MeisterLabs GmbH, sind die Beispiele hier im Buch gestaltet. Ein laufendes Programm lässt sich jedoch in dieser Form nicht darstellen. Da es „Meistertask" auch als Free-Version gibt, erscheint es sinnvoll, hiermit zu üben und danach für die Klinik die professionelle Vollversion anzuschaffen.

Eine Alternative ist der „Planner" von Microsoft, der im allgemeinen Office-Paket enthalten ist.

In diesem Zusammenhang gibt es eine aktuelle Entwicklung seit April 2020, nämlich das Programm „Teams", ebenfalls von Microsoft. Das Programm gab es prinzipiell schon vorher, nun aber ist es wesentlich erweitert worden. Mit der Erweiterung kann man nun interaktiv mit mehreren Teilnehmern zusammenarbeiten. Noch ist mir für die Organisation eines Betriebes keine praktische Anwendung bekannt, wohl aber im Einsatz für Teilnehmer an verschiedenen Orten, die zusammenarbeiten müssen. Es ist wohl nur eine Frage der Zeit, bis auch die Möglichkeiten des neuen Programms für den Einsatz in der Betriebsorganisation, gerade unter Kanban-Gesichtspunkten, genutzt werden. Die Leser seien deshalb aufgefordert, diese Softwaremöglichkeiten auszunutzen. Die Microsoft-

Programme bieten die Chancen, ihre Daten untereinander auszutauschen. Das erspart Arbeit, erfordert allerdings Sorgfalt, weil sich Fehler sonst multiplizieren könnten.

Wie immer im Leben gibt es Vorteile und Nachteile, Vorlieben und Vorbehalte gegen bestimmte Dinge. Das gilt auch für die genannten Softwarelösungen. Hier muss man evtl. auch verschiedene ausprobieren, um die richtige für sich bzw. das Krankenhaus zu finden. Denken Sie daran, dass die Lösung für eine Uniklinik für einen Regelversorger viel zu umfangreich wäre – und vice versa zu klein.

Es gibt zahlreiche weitere Programme auf dem Markt, über die der Autor jedoch keine eigenen Kenntnisse hat.

Entscheidend sind bei der Auswahl und für den erfolgreichen Einsatz eine umfangreiche Schulung ALLER Mitarbeiter, die regelmäßige Anwendung und die Coachingbegleitung in den ersten Wochen. Dann ist der Erfolg zu erwarten.

Noch weitgehend unerprobt im Kanban ist der Einsatz von künstlicher Intelligenz (KI). Dass hier eine Steuerungsmöglichkeit für komplexe Systeme denkbar erscheint, zeigen Entwicklungen der Fa. Celonis SE in München, die soeben den Deutschen Zukunftspreis 2019 bekommen hat.

Jedoch – ein Grundproblem wird auch für KI bleiben: KI wird nur dann im Krankenhaus Erfolge generieren können, wenn ausreichend Ressourcen (vor allem Personal in der Pflege und Ärzte) zur Verfügung stehen. Ohne den Faktor „Mensch" geht es im Krankenhaus nicht. KI kann aber helfen, nicht-medizinische Reibungsverluste und Planungsproblematiken beseitigen zu können.

Literatur

Bertelsmann Stiftung. (Hrsg.) (2019). Zukunftsfähige Krankenhausversorgung. Simulation und Analyse einer Neustrukturierung der Krankenhausversorgung am Beispiel einer Versorgungsregion in Nordrhein-Westfalen. Gütersloh. DOI 10.11586/2019042. Heinrich. https://www.bertelsmann-stiftung.de/fileadmin/files/BSt/Publikationen/GrauePublikationen/VV_Bericht_KH-Landschaft_final.pdf. Zugegriffen am 21.07.2019.
Bund, K., & Rohwetter, M. (28. November 2019). Leiser bitte. *DIE ZEIT* Nr. 49/2019, S. 23 f.
Johna, S. (2020). Weniger ist noch lange nicht mehr. *Hessisches Ärzteblatt, 1*, 6.
Kusay-Merkle, U. (2018). *Agiles Projektmanagement im Berufsalltag*. Wiesbaden: Springer-Gabler.
Leopold, K. (2016). *Kanban in der Praxis – vom Teamfokus zur Wertschöpfung*. München: Hanser.
Leopold, K., & Kaltenecker, S. (2018). *Kanban in der IT*. München: Hanser.
Merkle, W. (2016). Medicine and its catastrophes. In A. Hoppe (Hrsg.), *Catastrophes*. Cham: Springer.
Merkle, W. (2017). Vom Schritt zum Tritt. In A. Geisler (Hrsg.), *Die Diagnose*. München: Penguin Books.
Schwaber, K., & Sutherland, K. (2017). The Scrum guide ™. The definitive guide to Scrum: The rules of the game. https://www.scrumguides.org/scrum-guide.html. Zugegriffen im November 2017.
Ziegler, J. (2019). Doppelte Kompetenz im Kollegialsystem. *Marburger Bund Zeitung, 112*(6), 4.

Beispielboards zur Erläuterung

Nachfolgende Beipielboards sollen weniger ein real existierendes Krankenhaus zeigen, sondern vielmehr die Konsequenzen von Veränderungen und Störungen auf den Ablauf der Patientenarbeit -versorgung. Entscheidend dabei ist die Erkenntnis, dass ohne Mehraufwand anhand der vorhandenen Kanban-Boards – wenn sie richtig gepflegt werden die Problemzonen unmittelbar sichtbar werden, so dass die Verantwortlichen ggf. unverzüglich Gegenmaßnahmen ergreifen können. Dabei entsteht der Nebeneffekt, dass Verzögerungen einer Lösung ebenfalls sichtbar werden, mithin ein Verstecken vor dem Ergreifen von Lösungen nicht mehr möglich ist – auf keiner Ebene. Allein diese Tatsache ist Grund genug für die Einführung des Kanban-Systems in einer Klinik. Es steigert die Arbeitszufriedenheit, was wiederum auch positive Auswirklungen auf den ROI des Hauses hat. Höhere Zufriedenheit bedeutet geringerer Krankenstand und weniger „innerliche" und äußerliche Kündigungen.

Anhand der folgenden Beispielszenarien sieht man, wie „praktisch" die Darstellung der Krankenhausorganisation mittels Kanban ist. Um es gleich vorwegzunehmen: die nachfolgenden Boards zeigen natürlich „konstruierte" Situationen, aber sie zeigen, worauf man achten kann – und muss. Sie zeigen darüber hinaus, welche Konsequenzen entstehen und wo sich entsprechender Handlungsbedarf anschließt. Entscheidend ist die auf diese Weise hervorgebrachte Transparenz – sowohl die Arbeitsbereiche vor Ort als auch die OP-Organisation wie auch die Verwaltung sehen sofort, was „los" ist. Verzögerungen können so vermieden werden, Argumentationsdiskussionen werden entbehrlich, was nicht nur Zeit spart, sondern auch die Emotionen befriedet. Man hat es mit Fakten zu tun und muss nicht mit Meinungen und persönlichen Wahrnehmungen agieren. Um die nun gezeigten Boards übersichtlicher zu halten, habe ich bewusst darauf verzichtet, ein ganzes Krankenhaus darzustellen; selbst aus der Chirurgie habe ich nur einen Ausschnitt genommen. Aber die Beispiele können prinzipiell auf jedes, also auch auf das eigene Krankenhaus übertragen und dort umgesetzt werden.

© Springer Fachmedien Wiesbaden GmbH, ein Teil von Springer Nature 2020
W. Merkle, *Agiles Prozessmanagement im Krankenhaus*,
https://doi.org/10.1007/978-3-658-29874-6_5

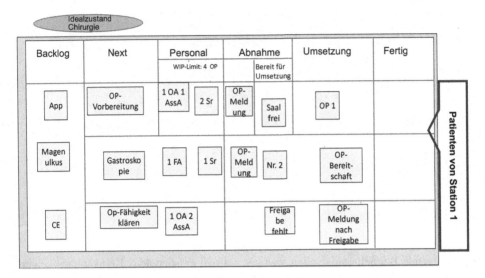

Abb. 5.1 Übersichtsboard „Normalsituation eines Krankenhauses"

5.1 Normalsituation des Beispielkrankenhauses

Wir sehen uns die Situation in einer Chirurgie eines Beispielkrankenhauses an, das in Abb. 5.1 auf dem Kanban-Board gewissermaßen den Idealzustand der Abteilung zeigt. In den nun folgenden Boards werden exemplarisch spezielle vom Idealzustand abweichende Situationen oder Umstände abgebildet – sie zeigen die Änderungen, Probleme und den jeweiligen Handlungsbedarf.

5.2 Personalausfall – Arzt oder Pflege

Sobald Personalprobleme, am häufigsten durch Krankheit, aber auch durch eine dünne Personaldecke in der Urlaubszeit, auftreten, gerät das System ins Wanken und erfordert Umplanung.

Ein fehlender Oberarzt hat immer Auswirkungen und senkt das WIP-Limit sofort. Wenn er nicht ersetzt werden kann, *muss* das OP-Programm angepasst, also gekürzt werden (Abb. 5.2). Analog gilt das auch beim Pflegepersonal, hier am Beispiel der OP-Pflegekräfte gezeigt (Abb. 5.3). Kurzfristig kann man hier häufig leichter Ersatz finden, denn es gibt einfach mehr Pflegekräfte im Vergleich zur Ärzteschaft. Aber prinzipiell hat auch ein Ausfall von OP-Pflegekräften Einfluss auf das WIP-Limit, also die Arbeitskapazität. Auch hier ist die Folge der Kürzung des OP-Programms in der Regel unabweisbar.

Hier sind lediglich Einzelausfälle von Personal und seine Folgen vorgestellt. In Zeiten einer sogenannten Grippewelle mit zahlreichen Ausfällen an Personal aber auch bei

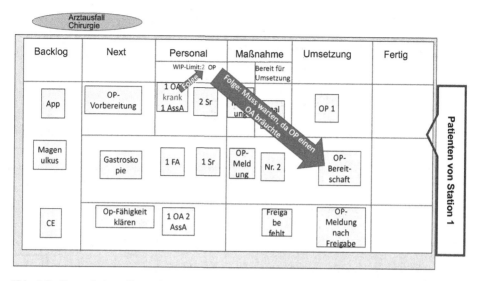

Abb. 5.2   Szenariodarstellung: Arztausfall

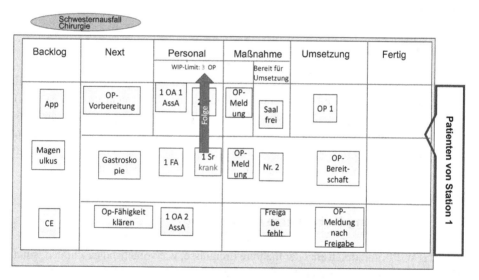

Abb. 5.3   Szenariodarstellung OP-Schwesternausfall

gleichzeitig vermehrtem Anfall von Patienten wird das so nicht mehr funktionieren. Analog der Vorsorge bei einem Massenanfall von Verletzten (MANV) – s. u. ist es damit wichtig, dass das WIP-Limit für den Routinebetrieb nie ganz ausgeschöpft werden sollte. Schon der vermehrte „Personalausfall" in Urlaubsschwerpunktzeiten ist ein solcher regelmäßig eintretender Mangelzustand, der in die Planung eines Routine-WIP-Limits einzukalkulieren ist, selbstverständlich flexibel von Zeitabschnitt zu Zeitabschnitt.

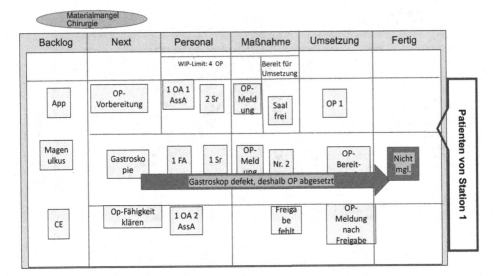

Abb. 5.4 Szenariodarstellung Materialmangel

5.3   Materialmangel

Hier habe ich den Fall dargestellt, dass ein wesentliches Instrument überraschend ausfällt (das kann auch sein, dass ein wesentliches medizinisches Instrument unsteril ist/wird). Normale Wartung und normaler Verschleiß müssen durch die Haustechnik beachtet werden. Die Verwaltung hat entsprechend für rechtzeitigen Ersatz zu sorgen. Wenn das nicht erfolgt, sinkt auch hier das WIP-Limit, wie im Beispiel eines akuten Gastroskop-Ausfalls gezeigt (Abb. 5.4). Meist kann man dann umorganisieren, aber nicht immer.

5.4   Verwaltung (verzögerte Abrechnung)

Wenn das WIP-Limit durch ein oder mehrere Ereignisse, wie vorgehend geschildert, sinkt, hat dies Auswirkungen auf den ROI des Hauses, denn zunächst ist klar, dass die Kosten weiter bestehen bleiben – Personalkosten, Materialkosten, Gebäudekosten etc. Um hierbei nicht in ein Defizit zu geraten, ist es also auch Aufgabe der Verwaltung, zusammen mit den patientennah Arbeitenden für rasche Abhilfe zu sorgen. Auch das ist an einem Abteilungsboard sichtbar (Abb. 5.5). Wichtig ist dabei, dass die so häufig geführten Diskussionen, warum mehr Personal, mehr Material etc. notwendig sind, durch die Übersicht der Boards von z. B. einem Vierteljahr unnötig sind – die Fakten sind evident und nicht zu leugnen. Man kann sich also unmittelbar auf Lösungssuche begeben – auch das spart Zeit – und Geld.

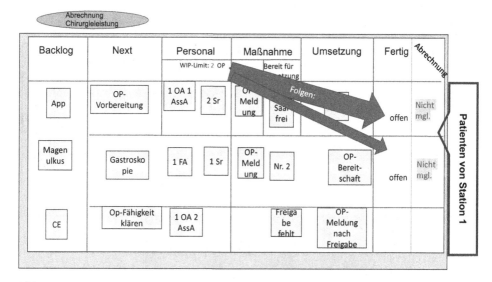

Abb. 5.5 Szenariodarstellung: Auswirkung von Personalproblematik auf den ROI

5.5   Notfall

Wie schon an anderer Stelle im Buch beschrieben, bringt ein Notfall jede wohl durchdachte Organisation durcheinander. Auswirkungen sind unmittelbar sichtbar; jeder im Krankenhaus Tätige kennt das.

Welche Schlüsse lassen sich ziehen?

Ein einzelner Notfall ist für die Gesamtorganisation nicht wirklich einflussnehmend (Abb. 5.6). Interessant ist dagegen die Häufigkeit solcher Vorkommnisse. Anhand der Notfall-Boards eines bestimmten Zeitraums kann objektiv abgeleitet werden, ob z. B. ausreichend räumliche und personelle Kapazitäten vorhanden sind, um mit diesen regelmäßigen Notfällen adäquat umgehen zu können.

Das ist auch für die Verwaltung eines Krankenhauses wichtig, denn hier erhält sie eine objektive Datenbasis für Budget-Verhandlungen.

Analog ist auch ein sogenannter. MANV (Massenanfall von Verletzten) zu betrachten, wenn auch mit der Folge eines Totalausfalls des OP-Bereichs für die Routineversorgung (WIP-Limit dafür wird 0). Ein solcher Fall kann nicht durch eine einfache Organisationsveränderung gelöst werden, sondern hat grundsätzlich Auswirkungen auf die Planung des/der nächsten Tage(s). Erst dann wird sich zeigen, ob noch „Luft" im WIP-Limit ist/war, die man dann ausschöpfen kann, oder ob das Krankenhaus dekompensiert und dann durch Abbestellung von Patienten Freiräume schaffen muss. All das kann man entsprechend in Boards visualisieren.

Es ist deshalb sinnvoll, solche Szenarien durchzuspielen, denn dabei wird automatisch klar, dass für Notfälle, vor allem wenn sie öfter bzw. gehäuft auftreten, eine Vorhaltung notwendig ist, d. h. das theoretische WIP-Limit darf für den Routinebetrieb nicht ausgeschöpft werden.

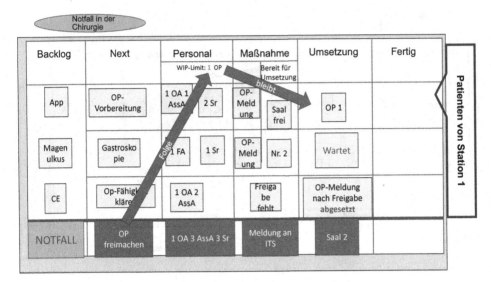

Abb. 5.6 Szenario: Notfall und seine Darstellung auf dem Board

5.6   Bottleneck

Letztlich sind alle oben geschilderten Szenarien irgendwie die Ursache für das Entstehen eines Flaschenhalses. Ein solcher Flaschenhals hat weitreichende Auswirkungen – auch auf die Finanzen des Krankenhauses (Abb. 5.7). Insofern ist an diesem Board evident, dass die Beseitigung eines Bottleneck auch finanziell geboten ist. Kurzfristiges Denken verbietet sich nämlich.

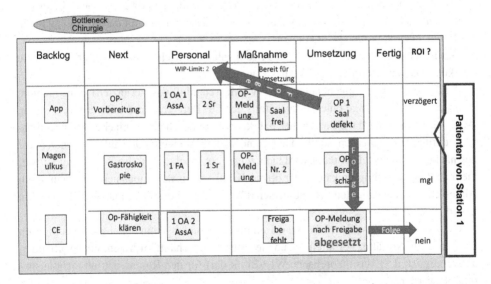

Abb. 5.7 Szenario „Bottleneck" und seine Folgen bis hin zum ROI

5.7   Überbuchung

Auch die Folgen einer Überbuchung mit Patienten sind am Board unmittelbar ablesbar –
für diesen Tag (Abb. 5.8). Der Patient mit der CE wird abgesetzt für einen zusätzlich „qua
Amt" eingeschobenen Zusatzpatienten. Das muss nicht unbedingt despektierlich sein; es
kann sich auch um einen Fall handeln, der nach der Chefarztvisite plötzlich an Dringlichkeit gewinnt und deshalb vom Chef auf den Plan gesetzt wird. Also wie bei einem
Notfallszenario.

Der Unterschied ist jedoch, dass hier bereits aufgrund Krankheit das WIP-Limit reduziert
ist. Es wäre also zu klären, ob es sich um einen wirklichen Notfall handelt, oder um eine
Gefälligkeit. Bei einem Notfall können und dürfen Überstunden entstehen. Dann ist auf
dem Board aber erkennbar, um welche Notsituation es sich handelt. Wenn das nicht ange-
geben werden kann, weil es sich um „Sondergründe" seitens des Chefs handelt, dann fehlt
hier die medizinische Indikation. Diese Transparenz ist zu beachten.

Der Patient mit der CE, der sich in einem internistisch bedingten labilen Zustand befindet, dessen OP-Fähigkeit also erst noch zu klären ist, wird abgesetzt, da er keinen sicheren
OP-Platz hat. Aber gerade wenn durch entsprechende Maßnahmen ein Patient OP-fähig
gemacht wird, erfolgt das „passgenau", so dass eine Verschiebung ein medizinisches Problem aufwerfen könnte. Aus diesem Grund ist die Transparenz so wichtig.

Sicher, der Fall ist konstruiert und kommt so kaum vor, aber ausgeschlossen ist das
nicht. Das Board sorgt also durch seine Transparenz für Disziplin. Abgesehen davon bedeutet das Einschieben von Patienten bei knappen Ressourcen eine Verlagerung von ande-

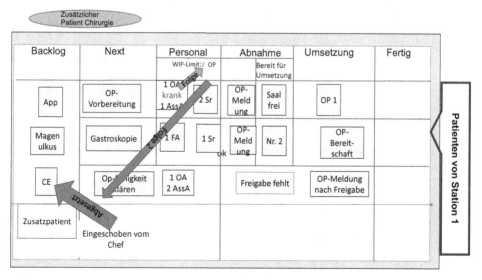

Abb. 5.8 Szenariodarstellung eines Zusatzpatienten (Überbuchung) und seine Auswirkung auf die
Gesamtklinik

ren Patienten in den nächsten Tag – ein Dominoeffekt kann entstehen. Wenn denn, wie es zu fordern ist, auch Ärzte Überstunden bezahlt bekommen, dann ist die Folge von Mehrkosten durch (unnötige) Mehrarbeit zu erkennen und unmittelbar in der Gewinn- und Verlust-Rechnung des Hauses zu spüren.

Das Szenario erinnert deshalb an die echte Notfallsituation, darf aber im Interesse des Arbeitsfriedens, der Patientenzufriedenheit und auch des langfristigen ROI des Hauses nicht vorkommen. Solche Prozessregelverletzungen sind zu vermeiden.

Ausblick

Von anderen lernen – das ist das Erfolgsrezept klugen Managements. Die ursprünglich in und für die Industrie (erstmals bei Toyota) entwickelte Organisationsmethode „Kanban" beinhaltet allgemeine Organisationsverfahren, die branchenunabhängig nutzbringend eingesetzt werden können. Das gilt auch für einen „klassischen Mittelständler", wie es ein Krankenhausbetrieb ist. Die vielfältigen Erfordernisse dort, die sich scheinbar zu widersprechen und unlösbar zu sein scheinen, lassen sich bei optimierter Organisation vereinbaren und lösen; das führt zu einer Verbesserung des Betriebsergebnisses genauso wie zu einer Verbesserung medizinischer Belange, ja sogar zur Lösung komplexer Diagnostikfälle sowie zu mehr Personalzufriedenheit und besserer Patientenbehandlung. Der Forderungskatalog an eine Verbesserung des Krankenhausbetriebs (siehe Osterloh 2019). kann durch die Einführung der Kanban-Methode zur Zufriedenheit gerade des Medizinpersonals erfüllt werden ohne wirtschaftliche Belange zu vernachlässigen.

Abschließend ist deshalb zu sagen, dass Kanban helfen kann, viele Probleme im Klinikalltag wie auch bei größeren Klinik-Projekten zu lösen, indem sie vor allem erst einmal sichtbar werden. Das erfordert aber die notwendige Konsequenz und Mitarbeit aller. Nach einer gewissen Einarbeitungszeit wird nach und nach Zeit frei werden für die eigentliche Aufgabe eines Krankenhauses und seiner Mitarbeiter: für die Arbeit am Patienten und für den Patienten selbst. Fangen Sie also an, sich diese Freiräume und Freizeiten zu verschaffen und zu sichern!

Und ein letztes Wort zum Schluss:

> Der Staat hat sich im Grundgesetz zur Gesundheitsfürsorge verpflichtet. Der Staat aber sind alle Bürger zusammen. Deshalb muss der Staat, müssen die Akteure im Gesundheitswesen ihre jeweilige Optimierungschance nutzen, die der Patient durch seinen Teil der Mitarbeit (Befolgung von medizinischen Anweisungen) zu fördern hat.

Literatur

Osterloh, F. (2019). Krankenhaus: Personalvorgaben für Ärzte. *Deutsches Ärzteblatt, 116*(41) vom 11.10.2019.

Literatur

Deutsches Ärzteblatt. (2019). Spezial: Wenn die Arbeit Ärzte krank macht. http://daebl.de/SG51. Zugegriffen am 28.05.2019.

DIN EN 15224.

Leopold, K., & Kaltenecker, S. (2018). *Kanban in der IT*. München: Hanser.

© Springer Fachmedien Wiesbaden GmbH, ein Teil von Springer Nature 2020   95
W. Merkle, *Agiles Prozessmanagement im Krankenhaus*,
https://doi.org/10.1007/978-3-658-29874-6